新时代
学术进阶丛书

写作成瘾
每天15分钟完成博士论文

Writing Your Dissertation in Fifteen Minutes a Day

[美]琼·博尔克（Joan Bolker） 著

杜大宝 刀熊 译

清華大学出版社
北　京

北京市版权局著作权合同登记号　图字：01-2024-1102

Writing Your Dissertation in Fifteen Minutes a Day: A Guide to Starting, Revising, and Finishing Your Doctoral Thesis

EISBN: 978-0805048919

Copyright @ 1998 by Joan Bolker

图书在版编目（CIP）数据

写作成瘾：每天15分钟完成博士论文 /（美）琼·博尔克（Joan Bolker）著；杜大宝，刀熊译. —北京：清华大学出版社，2024.3（2025.1重印）

（新时代学术进阶丛书）

书名原文：Writing Your Dissertation in Fifteen Minutes a Day: A Guide to Starting, Revising, and Finishing Your Doctoral Thesis

ISBN 978-7-302-65901-3

Ⅰ．①写… Ⅱ．①琼… ②杜… ③刀… Ⅲ．①博士学位论文－写作 Ⅳ．①G643.8

中国国家版本馆 CIP 数据核字（2024）第 065013 号

责任编辑：顾　　强
封面设计：周　　洋
版式设计：张　　姿
责任校对：王荣静
责任印制：宋　　林

出版发行：清华大学出版社
　　　　　网　　　址：https://www.tup.com.cn，https://www.wqxuetang.com
　　　　　地　　　址：北京清华大学学研大厦 A 座　　邮　　　编：100084
　　　　　社 总 机：010-83470000　　　　　邮　　　购：010-62786544
　　　　　投稿与读者服务：010-62776969，c-service@tup.tsinghua.edu.cn
　　　　　质 量 反 馈：010-62772015，zhiliang@tup.tsinghua.edu.cn
印 装 者：三河市天利华印刷装订有限公司
经　　销：全国新华书店
开　　本：130mm×185mm　　印　张：8.25　　字　数：110千字
版　　次：2024 年 5 月第 1 版　　　　印　次：2025年1月第5次印刷
定　　价：59.80 元

产品编号：100613-01

译者序

完成博士论文是我有生之年做过的最难的事情之一。因为它难，从职业成长和人生体验的角度，与它有关的一切记忆都显得庞大而深刻——我记得初次选题时的迷茫错愕，记得反复跟导师一遍遍开会时的紧张和压力，记得不断调整写作语言和结构的艰辛，也记得因为抽不出时间写作、因为不知道如何写下去，或是因为苦坐半日却毫无进展所感受到的绝望和无力。

第一次接触到《写作成瘾：每天15分钟完成博士论文》这本书时，正是我博士论文进展最艰难的时候。系里的一位常年指导博士论文写作的老教授向全班同学推荐了它，并鼓励我们尝试使用书中教导的"每天写作15分钟"的方法来推进博士论文。

在美国学术界，《写作成瘾》这本书早已被视为一本经典的博士论文写作指导书。书中关于"每天写作15分钟""区分第零稿和第一稿"等建议，不仅影响了博士论文的写作方法，更是被拓展到学术写作态度、创作者心法等各个方面。从英文原作出版到现在，《写作成瘾》已经被一代代的学术人反复阅读，他们从学生成长为老师，老师们又带新的学生，学生们又成长为老师，使这本书在一次次被推荐和传阅的过程中，不断见证学子们成长为学者的过程，也使它在不知不觉中成为一本不容错过的"博士论文写作红宝书"。

对于苦读多年的博士生而言，博士论文有如西天取经路上最后一道大关卡，写博士论文的这段时间也往往是一个年轻学者最容易自我苛责、自身学术信心最游移不定的时候。在这个艰难阶段，能有一个过来人用一整本书的篇幅关怀博士论文写作的各个环节、介绍可能出现的挑战和验证有效的方法，这本身就让人感动。而《写作成瘾》这本书的宝贵，不仅在于它以真诚和毫无保留的方式分享了一个过来人、一位教授、一位曾在两篇博士论文上吃过苦头的学者的亲身经验，更体现在身为心理学教授的作者，通过临床心理学的独特视角，为读者所提供的关于如何调整写作心态、如何提高写作效率的实用工具。

面对博士论文这样一个庞然大物，写作者到底应该如何安排和管理自己的写作时间呢？本书的作者博尔克教授认为，与其等待大块时间降临才去写作，不如"每天写作15分钟"。"每天写作15分钟"的方法轻巧而实用，为复杂项目的写作者提供了宝贵的思路。大多数写作困难户往往并不是无话可说、无事可写，而是缺乏"启动能量"。而"每天写作15分钟"的方法既有助于保持写作的连贯性，又能帮助写作者以微小的努力开启一连串的进展。它启示我们，要开始，要行动，哪怕步伐微小而缓慢，但只要你肯坚持、肯开始，不期而遇的进展就会缓缓向你走来，直至聚沙成塔，抵达目标。

《写作成瘾》一书中提到的"自由写作"和"大胆乱写"等方法也颇有实践意义。这些建议突破了传统的按行文结构进行线性写作的思路，为许多苦

于无法起步、挣扎于毫无进展、被完美主义捆住手脚的写作者注入了新的能量。这本书让我们理解到，要完成复杂的学术写作任务就要学会分解任务和接受"暂时的混乱"，一步到位的想法往往只会成为持续写作的阻碍。将脑中的想法先不管不顾地写出来，在随后的论文版本中再进行语句语法修改、结构格式的调整，这一方法直到现在还深远地影响着我的写作方式，提醒我"第零稿"不是"第一稿"，也不是"最终稿"，提醒我不要贪求一步到位、出手即成。

此外，在本书中，作者还详细介绍了博士论文写作过程中的各个重要节点，指出了我们都会遇到的内心挣扎与外在挑战，她让我们看到，我们面临的困难并不是只属于一个人的困难，我们羞于承认的挣扎也绝不是一个人才有的挣扎。作者在书中细细讲述如何处理好跟导师之间的重要关系、如何有效地进行沟通、如何寻找场外支持、如何在中期时点进行写作反思、如何在答辩之后收拾心情……这些对博士论文写作过程中前前后后各个细节的关注，让读者体会到难得的关切和慰藉，也为迷茫的博士生们提供了应对诸般挑战的种种方法。

总之，《写作成瘾》是一本值得阅读、容易阅读的写作指导书。能成为这本书的中文译者之一，实感荣幸。虽已博士毕业多年，但我从此书中汲取到的养分仍漫长地影响着我的工作方式和写作方法。相信本书将能为国内广大科研工作者、博硕士生提供关于毕业论文写作、学术论文发表，学者心态管理以及时间管理和项目管理上的诸多思路。

愿你阅读愉快，也祝你写作成瘾。

刀熊

加州州立大学公共管理系副教授

《做研究是有趣的》作者

引 言

三十多年来，我一直在倾听写作者们谈论他们的作品。这些写作者中包括数百名为了完成博士论文而向我咨询的博士生，这些咨询的经验让我学会了如何给别人的写作提出好建议。本书收集了经过实际检验的、成功有效的论文写作策略。本书也是一本用于自我实验的指南书——以你自己为实验对象，以你的工作习惯为数据，以找到适合你的写作方法为目标的一场实验。

本书主要面对两大类读者，首要的读者群是即将开始或已经开始写博士论文的研究生们，其次是指导博士生论文的导师们，相信这本书对这两个群体都会有帮助。

我也曾在两篇博士论文的写作上历尽艰辛。第一篇是关于欧洲中世纪文学的，它花费了我四五年

的时间，而我最终并未将其完成。当时我的论文指导委员会已经接受我的论文第一章，但此后不久我就退出了那个博士项目。大约四年后，我开始撰写我的第二篇博士论文，是关于个人心理发展、课程发展和写作能力的，并在几个月内完成了它。

显然，在这两次写博士论文的经历之间，我学到了一些有用的论文写作技巧，此后我又进一步学到了更多的方法。本书不仅融入了我作为一个写作者的经验，也包含了其他人传授给我的经验，这些经验有些告诉你该做什么（比如如何分解大任务、给自己设定短期截稿日等），有些告诉你不该做什么（比如不要过度写作、不要试图在一整天其他工作后再写作等）。我把这些经验都提炼出来，以便你能从我们曾经的挣扎中学到一些东西。

这不只是一本讲写作的书，不只关注如何将研究结果转录成规定格式的文字这一有限任务。

当我谈到"完成你的博士论文"时，我指的是整个过程，即从你对某个领域、某个研究问题、某个主题第一次萌生兴奋感，到你脑海中反复出现也许可行的想法，再到完成整个手稿的全过程。在"写作"这个标题之下，我们会讨论到你的研究，你第一次充满不确定地写下研究笔记，你的第零稿、第一稿、修改稿、最终稿，以及论文答辩，及将其投稿发表或成书出版的过程。

你可能会问："既然主要难题是如何做研究，为什么我们还要关注博士论文的写作呢？"因为做研究就是探究，就是对问题的挖掘，而写作是进行这种工作最好的工具之一。我将向你展示如何利用写作来思考、探索、试错、质疑自己、表达挫折感、进一步提问，以找到感觉、发现研究主题的真相。当然我们也会讨论如何进行庆祝。

写作过程本来就很复杂，这一点我们从图书馆（也包括我的书架）中有多少关于写作的书就可以看出来。那么这本书有什么不同之处，可以把它添加到那些已经堆满写作类主题书的书架上？大多数写作教材是基于以下假设给你提供建议的：所有写作者的情况，要么与写教材作者的情况相似，要么彼此之间相似。我已经在不同场景下与足够多的学生

（我猜有几千人）合作过，足以知道人们以许多不同的方式和风格学习（和不学习）以及自我教育。

并不存在一种单一的写作方法，能够满足大多数人在大部分时间的需求。然而，确实存在一种观察写作过程的方法可以触及其核心，并让你想象如何与之互动。我并不是在提出一种单一的写作策略，我想教你找到最适合自己的方法。本书既是关于写作的，也是关于学习发展这样一个写作过程的。

本书将提供许多写作建议，帮助你提升写作效率，在帮助你创作的同时，也教你"避坑"，防止你内耗，让你创作出一篇引以为傲的作品。如果你已经有了一套对自己有良好效果的写作策略，那么它有多奇怪都没关系。你可以用牙膏写作，也可以在壁橱里写作，如果它能在合理的时间内产生好的作品而不伤害到你，那么就好好用它（但一定要问自己，这种写作略策是否真的有效，还是你之所以喜欢它，只是因为你已经用了十年）。我希望你可以使用我所介绍的技巧来找到适合自己的策略。

我不会讨论你应该遵循或打破哪些规则。这本书里没有规则，而是有一些原则、有待探索的立场和供你想象和实验的方法。希望你试着应用它们，看看它们如何与你的写作方式相结合。如果你不喜欢书中某些观点，如果感觉这些原则不太对，或者效率不高，或者妨碍了你的工作，那么就调整书中的建议，或者干脆弃而不用，使用适合自己的方法。我提出的这些具体建议是灵活可变的，而非刻板固定的。

在本书中，我会谈论写作的"所有权"问题。我的一个基本假设是，写作者拥有他们的作品。从这个假设出发，我们可以推导出许多启示，其中一个最重要的启示是，你对你的项目投入最多，因此你是唯一负责推进它的人。我的许多经验表明，许多学生和导师并不这样看待论文写作。由于本书的一个基本前提是写作过程是一个持续的实验，因此，你是这个实验的负责人，你可以使用适合自己个性和工作风格的方法，将你的写作塑造成你想要的样子。

我发现，在性格迥异的理论家之间，他们对

写作有一些惊人的共识。《写作无师自通》（*Writing Without Teachers*）（1973 年首次出版时是一篇激进的文章）的作者彼得·艾尔博（Peter Elbow），以及因创立行为心理学而广为人知的心理学家斯金纳（B. F. Skinner），他们都相信写作是为了思考，而不是为了写作而思考。鉴于他们在哲学上的差异，可以肯定的是，他们所言非虚，而你要考虑的是如何把这一点纳入自己的写作过程中。

鉴于每个领域对论文的形式和内容都有自己的要求，你可能会怀疑一本关于如何写博士论文的书是否有用。乍一想，自然科学和人文社科领域的论文写作似乎需要不同的过程。但我与不同领域的作者打交道的经验告诉我，这种感觉很有误导性，事实上，自然科学和人文社科之间的相似之处远远超过人们的想象。当然，撰写这些学位论文的外部环境是不同的。自然科学的准博士在实际写作时可能进行得更顺畅一些。其中一个原因可能是，他们的项目通常会有充足的资金支持，而且他们的导师可以直接给他们提供研究课题，加之在他们真正开始写作之前，这些问题已经解决了。显然，人文学科的论文作者更像在讲一个故事，叙事过程随着想法逐渐展开，而这些想法最终被证明是相互联系的，整个故事是在写的过程中得以展现。尽管在自然科学中更容易实现先"做"再"写"，这种想法其实大大低估了科学探索真正发生的方式。在科学领域，就像在其他领域一样，在写作过程中发现理论和论证中的漏洞其实更有助于产生更好、更有创造性的科学成果。正如C.P.斯诺（C. P. Snow）多年前所精彩阐述的：科学探索本身也是一个叙述故事的过程。所以对于年轻的理科论文作者而言，如果从研究一开始就注重叙述元素，将极大地促进其写作进程。事实上，撰写博士论文没有我们想象的那么复杂，而是很平常的一件事。

虽然我是一名职业心理学家，但这本书并不是关于自我治疗的指导用书。即使自行进行心理治疗是可能的（在我看来，这类似于自己动手摘除阑尾），通常也有比心理分析更有效的模式来帮助你完成论文。本书基于一些实用且易于学习的行为原则，如"负面强化并不太适合激励行为，正面强化的效果要好得多"。挣扎中的论文写作者常犯的错误之一是自我打压，这实际上阻碍了他们的进步。我希望这本书能让你学会用正面激励来替代自我惩罚。

我给这本书起名为《写作成瘾：每天15分钟完成博士论文》(*Writing Your Dissertation in Fifteen Minutes a Day*)，是因为我认为这样会引起你的注意。这同样是一个事实——如果你开始尝试每天投入15分钟到论文写作上，最终会大大增加你完成博士论文的概率。因此，本书中最重要的一条建议是每天为你的博士论文做一些工作，哪怕只有15分钟（"每天"都工作十分重要，要比你花多少时间、写多少页，或者在特定的一天写出什么质量的作品等指标更重要）。虽然我认识的人完成博士论文所花费的时间差异很大（从6周到10年不等），但实际上我并不知道是否有人每天只用15分钟就完成了它。但我确实认识许多人，他们通过每天用很短的时间写作，开始了完成其博士论文的旅程。

这本书的编排与博士论文的撰写过程相呼应。前四章主要讨论开启项目时需要考虑的任务和态度。其中一些任务，如选择导师，可能在你下笔之前就已经开始了。接下来的三章讨论了写作过程的中间部分——关于如果你遇到困难该怎么办，以及其他人如何参与到项目中（特别是第6章，讨论了如何处理那些由外部世界或你的内心所产生的干扰，这些干扰会直接影响你的论文写作）。接下来的几章是关于那些令人振奋和悲伤的时刻，当你的论文即将结束，你开始把注意力转向之后的生活。第8章讲述了从初稿到定稿的修改过程。第9章则涵盖了博士论文写作过程结束时发生的各种复杂事件，从心理危机到论文答辩。第10章关注的是获得博士学位后的生活，以及是否要发表你的博士论文或继续写作生涯。

我希望在你撰写博士论文这场冒险旅程中会觉得这本书是一个很好的伴侣。我女儿当年拖延了一个月才开始写她的论文，她说她还有一篇需要完成的会议论文，但我知道她拖延的真正原因是她听到了很多关于写博士论文的可怕故事，因此并不急于开始她预计会很痛苦的漫长生活阶段。后来她告诉我，令她惊讶的是，大部分的过程对她来说是一种享受，她希望有人能事先告诉她这是可能的。所以我想告诉你，写博士论文可以是一种愉悦，至少在某些时候是这样的。即使对你来说仍做不到愉悦，这本书中的建议仍然可以帮助你写出一篇不错的博士论文。

这是一本学术写作自助手册，就让它最大限度为你所用，请忽略书中不适合你的部分，让它配合你的学习风格，来支持你的进步。

确实会有些人真的很喜欢写他们的博士论文。这本书旨在帮助你成为这类人中的一员。

CONTENTS

目 录

1 如何开始 **001**

用写作找到入口 004

制订你自己的工作流程 007

选择主题 009

做研究 018

关于所有权 021

关于格言 022

2 选择导师和委员会 **025**

你的导师 026

你的论文指导委员会 031

跟你的导师有效沟通 033

博士论文偏执症 037

与导师之间的麻烦事 038

3　开始写吧　　　　　　　　　　　　　**045**

对写作过程的思考　　　　　　　　　　046

运用行为学原理　　　　　　　　　　　052

关于写作如何成瘾　　　　　　　　　　055

自由写作和"大胆乱写"　　　　　　　058

设定你的每日写作目标　　　　　　　　064

4　从第零稿到第一稿　　　　　　　　　**071**

第零稿　　　　　　　　　　　　　　　072

第一稿　　　　　　　　　　　　　　　074

开始写第一稿　　　　　　　　　　　　075

提出问题　　　　　　　　　　　　　　076

撰写第一稿的几种方法　　　　　　　　078

撰写第一稿的更多策略　　　　　　　　088

5　走向中程：审视你的流程与进度　　**091**

对你的博士论文进行评估　　　　　　　092

你的写作过程　　　　　　　　　　　　094

你的写作进展　　　　　　　　　　　　102

关于截止日期　　　　　　　　　　　　105

休息与放松　　　　　　　　　　　　　112

6　来自外界和内心的干扰　　　　　　**117**

来自外界的干扰　　　　　118

来自内心的干扰　　　　　126

陷入困境时的有趣练习　　　　　136

7　你、你的读者，以及博士论文互助小组　　　　　　**143**

为自己和别人写作　　　　　144

你和你的读者　　　　　146

博士论文互助小组　　　　　151

8　改稿：第二稿及以后的阶段　　　　　　**167**

关于修订过程的思考　　　　　168

有效的修改策略　　　　　174

改稿与讲述真相　　　　　180

9　最好的博士论文是已完成的博士论文　　　　　　**183**

成长的代价　　　　　184

"撞墙"现象　　　　　187

继续前进　　　　　188

一个可能的糟糕情境　　　　　190

论文答辩　　　　　191

论文答辩之后　　　　　195

10 博士论文完成后的事情   **197**

发表你的博士论文   199

将博士论文转化为期刊论文   202

将你的博士论文出版成书   206

练习撰写作者简介   216

成为作家   217

附录 给导师的一些建议   **221**

导师的作用   222

反馈和所有权   226

一些有用的书和文章   **237**

鸣谢   **240**

如何开始

如果你喜欢研究和写作，生活能赠予你的最大的礼物就是时间、空间，以及为自己全身心投入到一个真正吸引你的研究项目中的合理理由。然而，撰写博士论文的路径远不止如此。我在工作中遇到的大多数学生，他们一想到自己的博士论文项目，往往并没有带着愉快的期待。相反，他们可能被项目的庞大规模压倒，要么无法把自己当作真正的学者，要么就是担心自己不能胜任，甚至不知从何下手。即便你现在还未成为一名真正的学者（不论那意味着什么），或是你感到畏惧，你依然可以写出一篇出色的博士论文——通过一个既能减轻痛苦又能增强你对工作投入感和满足感的过程。而这一切的起点，就是去想象你的博士论文。

博士论文的最佳起始方式并非坐在图书馆里，在一张白纸上写下"第一章"。最佳的起始方式是在你的想象中逐步接近你的博士论文，准备在每一个阶段围绕这个主题进行写作和深思，并使自己成为这一工作过程的探索者。

想象你的论文可以激发你对主题的热情、好奇心和问题意识，同时也能让你视自己为一个对学术研究有承诺的人。你可能被分配一个特定的主题，这种被指派任务的情况很难谈得上"热情"或"愉悦"。你可能出于纯粹的实用性原因而写论文。即使如此，去想象它仍然是值得的——探索不同主题和不同类型的论文，在正式确定一个特定主题和格式之前给自己留下一些探索的空间。此时，你可以花时间去设想完成这项工作后的感觉，即拥有一个博士学位的感觉。或者你可以思考你希望的研究和写作过程，以及你计划在哪里进行写作。你还可以设想在这个项目中你需要或期望有多少伙伴陪伴你——朋友、同事、你的论文指导委员会的积极参与——以及你会选择谁来担任你的导师和委员会成员。你甚至可能认真思考，如果你选择不写博士论文，可能有什么感觉，会发生什么情况。

人们撰写博士论文的原因多种多样。对于一些人来说，可能是为了满足专业上的需要，完成一项实用任务——你希望在大学求职任教，并且知道博士学位是前提条件。另一些人则想掌握完成一项重大学术工作的过程，开启一生的严肃研究和写作。还有一些人，在此前就已开始了博士项目却没有完成，在他们进入人生下一个阶段之前，想要完成这一过程。还有一些幸运的人，有一个迫切想要解答的问题。

不管你的情况属于以上哪种，在开始博士论文写作时，都要学会通过写作找到你的入口。

用写作找到入口

写作是组织一篇博士论文的核心。这本书将教会你如何不仅仅通过口头表达你的想法，或在思维游戏中不迷失方向。你将学会以写作来思考，以写作来激发思考，从混沌或恐惧中唤醒思考。你将在每一个阶段不断写作，通过写作来明确你的主题并找到深入主题的方法。你将学会超越确定性，超越偏见，穿越矛盾，"写"向复杂性。你将从自己的所思所想写起，即使有时会害怕自己的文章被读者挑毛病，但最终会勇敢地以文字表达自己的所思所想。为了做到这一切，你需要每天写作，哪怕每天只写 15 分钟。

如果你在每个阶段都坚持写作，那么这个过程将是这样的：一开始，甚至在你选定具体主题之前，你可以每天在一个专门的论文本上做带日期的日志式记录（可能是单张草稿，然后集中放入一个文件夹里，或装订成册的笔记本，或电脑文件），记录你的想法、忧虑、对不同主题的兴趣等。

2023 年 12 月 16 日　今天我在想，我一直对使用模型系统方法研究生物的发育过程很感兴趣。我意识到，这种方法虽有优点，却也伴随着缺点——我想知道我能否将这个话题应用到我的论文中……

当你第一次选择某个主题时，你要写出你最初的直觉、想法、问题。

2024 年 1 月 15 日　如果我们不使用大鼠，而是使用大象作为模型，可能有什么不同？模型系统动物有哪些特质使我们如此轻易地选择它们来进行大部分发育研究？

当你开始积累数据时，你不仅要做笔记，还要

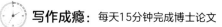

开始与数据打交道——以书面形式回应它，向它提问，让材料向你提出新问题，然后你要尝试总结当前你对它的理解。

2024 年 2 月 18 日　具有快速胚胎发育这一理想特征的生物可能共享与这一特征相关的胚胎适应性和限制——这会带来什么差别？

渐渐地，你就会开始尝试写下博士论文的一些段落。

2024 年 4 月 2 日　模型系统方法，显然是分析动物发育的一种特别强大的方法，它基于某些假设，假设之一是我们可以把几个模型物种所反映的特点延伸到许多其他生物体……

你要记录下你在阅读中产生的灵感、闪光点，以及任何你认为很重要的疑虑。

2024 年 3 月 2 日　我在想这里到底表达了什么，它是否合理？

一开始你会写上几小段，随着进程的推进，你可能每天会产出多达五页的内容（我将在第三章教你如何做到这一点）。

制订你自己的工作流程

读这本书的每个人都是独一无二的，没有哪个建议能适用于所有人。我想帮你找出的是最适合你和你的工作方式的策略。在撰写博士论文的过程中，唯一的规则就是你为自己制订的实用规则。这篇论文是你的，是你把一个想法变成了一篇文章，你可以通过任何可行的办法实现这个转变。

首先你要学会关注作为写作者的自己，在工作过程的每个阶段都坚持写作。你将注意到自己每天的工作情况，如感觉如何、完成了什么、没完成什么。你将在记录中进行内心对话，询问自己是什么妨碍了你、是什么你试图忽略却一直困扰着你、接下来你需要做什么、你可能要如何改变你的写作环境、你在这特定的日子里是喜欢还是讨厌你的主题。你会像对待你的科研资料一样认真对待自己的写作习惯，你会经常审视它们，看看它们是否需要改进。如果你被"卡住"了（你发现你不喜欢在电脑上写作，但你不知道该怎么解决，或者你很难抽出

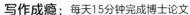

时间来写作，或者你的写作速度非常慢——慢到无法在截止日期前完成），你应当进行咨询，首先是向自己咨询，以写日志的方式。

2024 年 1 月 14 日　我的写作到底怎么了？我很难抽出时间来。我在为我所有的朋友做这做那，如果我不停止以这些杂事为借口拖延写作的话，我就压根儿别想完成我的博士论文！我怎样才能让自己先完成写作任务再去"煲电话粥"，再去跟哈里喝茶，以及再去给狗梳毛？

之后，你应该向你的导师或向一个成功熬过这一过程的朋友咨询，也可以咨询大学里的论文指导中心。但首先你要面对你所处的困境，写下它、研究它，问自己这种情况是什么时候开始的（是在你和你的导师开了一个令人失望的会议之后，还是在你喝醉之后，还是当你听说了某篇可能先一步发表类似想法的文章，但仍未鼓起勇气去阅读它）。你应当尝试改变你的作息时间，看看另一个时间、另一个地点、另一个写作模式是否更有效。你应当思考是否该为自己拟订一个详细的提纲，或者暂时转向另一章节，好让自己在这一章上先喘口气。你可能思考一个令人担忧的问题：你是否在某个特定想法上走错了方向。这些问题不仅能为你的思考提供食粮，而且能为你的写作提供食粮。写下这些问题，以及写下你头脑中正在萦绕的"碎碎念"，将有助于解决困扰你的大多数问题。书写也是选择博士论文主题的一个重要工具。

选择主题

　　你想从一个论文选题中得到什么？写论文很像一场恋爱长跑，可能有一些非常美好的时光，也可能有一些极其糟糕的时刻，如果你喜欢你所选择的东西，那将对你大有帮助。这种特殊的关系要求你放弃你生活中许多东西，努力工作并推迟享乐。有一些人似乎能够为一个他们并不那么热衷的课题做出这样的牺牲，对他们来说，写论文是达到目的的手段，最终是为了获得学位。如果你是他们中的一员，我佩服你的勇气。如果你全心全意选择一个你真正感兴趣的主题，写作过程可以成为一次愉快的体验；即便你没有那种热情，仍然有可能创作出一篇优秀的作品，并且你可能惊喜地发现自己享受了这个过程的某些部分。

有些人似乎总是知道他们要用博士论文来探讨什么。他们很幸运。但他们仍然需要找到一个支持他们工作的导师，这或许是更容易的任务。有些人，像我一样，已经通过不同形式反复探讨了同一个主题，所以知道这是一生的主题。还有一些人可能是被分配一个主题。

一些最幸运的写作者则被驱动着去调查和回答一个在专业上和个人喜好上都很有吸引力的问题。要着手、坚持并完成一个如此庞大的工程，最理想的状况是选择一个对你来说真正重要的主题，以便在写作过程中、在那些不可避免的黑暗日子里，也能继续前行。你应该如何做出选择呢？要跟随你的好奇心——如果你幸运的话，还有你的热情。

有时一个人的热情无法被他人理解，但在写作中，这种自娱自乐是必要的。我认识一些作家，他们为考古发掘中种子的相对比例所吸引，因为他们可以从这些数据中读出几千年前农业生产是如何开展的。我曾经被乔叟（Chaucer）的《巴斯妇人》的可能来源深深吸引，以至于我阅读了一些极度厌女的中世纪拉丁文学作品。这两个项目不一定会打动其他人，但那又怎样呢？并不重要。

你要尝试找到你在思考时感到兴奋的东西，也就是你对其有真实的好奇心的学术主题。正如我在前面指出的，你可以通过写作来做到这一点。在你的学术生涯中也可能有重要的线索。例如，在本科阶段，我对发言权和权威的问题非常着迷，因此我的毕业论文的主题是《李尔王》中的弄人。作为英语专业的研究生，我开始对乔叟作品中的权威来源感兴趣。在我的工作中，权威主题逐渐与发言权的主题结合起来——关于谁是发言者，谁有发言权，拥有发言权意味着什么，如何加强自己的发声？在接下来的 15 年里，我对这些问题的痴迷导致我完成了一篇名为《一个属于自己的房间是不够的》（"A Room of One's Own Is Not Enough"）的文章，对记忆进行了研究，并撰写了如何教授写作以促进写作者发声的博士论文。当然，所有这些是在回顾时才看得清楚。如果你在20年或15年前问我为什么要写这些文章，我可能无法给出答案。

我不是建议你在选择论文题目之前必须理解自己的研究模式，甚至并不是说你一定要有这样的模式。我在建议你考虑这样一个模式可能存在，并允许自己进行一次探索之旅。这样你就会发现你的兴趣所在，看看你的好奇心会把你引向何处。

如何做到这一点呢？你需要思考，然后动笔写一写在你的学术生涯中你所做的工作，并记下那些最能引起你的兴趣、最让你兴奋、最让你快乐的项目。看看这些项目是否有什么共通之处。即使你没有发现这样的规律，仍然可能发现一些有用的线索。例如，你可能发现，你最好的论文是基于调查方法的——如对某位特定作者所有小说的调查，而不是对单一作品的分析，或者你在比较研究的论文中思考得最深入，或者你最擅长理论研究，或者发现你做过的最成功的项目是那些需要关注细节的实验室项目。

你不仅要考虑研究的话题，还要思考你在哪些项目类型上成功过并且享受其中。例如，我的博士论文在组织结构上很复杂——将三个不同领域的理论材料交织在一起，但它是以相当具体的案例研究为基础的；当我不断将理论与数据紧密结合时，我的思维就会很清晰。我咨询过一些人，他们的博士论文涵盖了从深入研究单一问题到跨领域、多面向的理论探索。你需要先弄清楚哪种类型的工作任务最适合你的工作风格。

缩小选择范围的另一个好方法是问问自己：你觉得哪种写作最有趣，你最喜欢读什么样的研究报告？你是喜欢详细的写作，还是偏好概括性的处理方式？是喜欢归纳法还是演绎法？在阅读理论时，是喜欢大量举例子的，还是一个例子都没有的？喜欢每一章都很短的还是每一章都在长篇大论的？风格上是喜欢简明扼要的还是侃侃而谈的？所有这些偏好都是你想写出什么样的博士论文的有用线索。此外，其他人的作品也可能是有益的参考模型。

我的博士论文指导老师深知一个好的参考模型会大有帮助。她最有用的建议之一是给我推荐了一篇与我的研究领域相关的博士论文，算得上是一篇切实可行的论文典范。这篇博士论文很短，但很吸引人，写得很好。我知道这篇博士论文比我的论文要短、要精练，但在我的写作过程中，这篇博士论文的两个基本特点一直激励着我：第一，这篇已获发表的博士论文，只有 144 页，我觉得我也能写出这么多页；第二，它的阅读体验很棒。所以不妨请你的导师建议一些参考样本，你可能从中学到一些东西，并且会发现有些与你并无太大差别的人已经成功撰写了博士论文。

　　你的导师也可以帮助你选择主题，充当你思想的反射板，限制你过于宏大的设想（比如，"你真的想在你的博士论文中讨论亨利·詹姆斯（Henry James）的所有小说吗？"），帮助你澄清你的主要研究问题，并与你讨论所选课题在时政上的意义。为什么我在这里使用"时政"这样的词？因为你的选题可能是决定你职业未来的核心，首要关系到你在目前的教职市场上能否找到工作。但我并不是建议你仅仅或是主要基于这个因素来选择题目。如果你这样做，在最坏的情况下，可能觉得出卖了自己，且可能无法产出优秀的作品。

但也有可能最终你既没有完成一篇自己引以为豪的作品，也没有找到工作。

我在读研究生的时候，认识一个年轻人，他被罗伯特·路易斯·史蒂文森（Robert Louis Stevenson）的作品迷住了。当他决定以史蒂文森为题写毕业论文时，其他人都坐在一旁摇头，确信这样一个非学术性的题目会使他的职业生涯受到影响。然而，在我们这群人中，他是那个最终在哈佛大学英语系获得教职的人，还担任了导师。显然，他并没有因为追随自己的热情或没有选择在那个时代更加政治正确的主题而受到惩罚。在 20 世纪 60 年代的市场繁荣时期，罗伯特·基利（Robert Kiely）可以选择研究史蒂文森并仍然能获得较高的学术地位，但今天是否还能这样做就完全不确定了。你可能要调查一下你所在领域的工作机会在哪

里。如果全国每年有 6 个莎士比亚学者的职位，你可能要写一篇能提高获聘成功率的毕业论文。如果你幸运，或许可以找出方法在论文中部分涉及莎士比亚，或者你可以向自己保证，你完成毕业论文后的第一篇文章将是关于你对《麦克白》（*Macbeth*）的新解读。像这样的自我激励很有用："当我的毕业论文完成后，我就去写我真正想写的书（剧本、诗歌、音乐……）。"如果你最终选择的题目不是你的第一选择，但是一个不错、实用的题目，你就必须经常提醒自己未来会有怎样的收获。

还有一种更有趣的选择主题的方法，那就是在你四处探索一段时间并对自己的研究方向有所了解后，想象自己采用了一直在考虑的主题。现在想象你完成了博士论文并将其拿在手中。

问问自己，"我应该给这个作品起什么名字？"试着给它命名；设想一些十分离谱的标题，看看哪一个标题能让你高兴。至少你会在工作中找到乐趣。好的情况下，你可能澄清并聚焦自己真正想写的内容。甚至你现在就可以尝试这个练习，想出一些离奇的标题。当然，要把它们写下来。

如果你写的是自然科学类的博士论文，那么你更有可能被分配一个主题，也许是你导师大研究项目中的一部分。或者你必须在你感兴趣的领域找到一些尚未被研究的问题，或者在像工程或数学这样的领域中发明一项新技术或发现一个新定理。你必须面对这样的恐惧：你可能在一个问题上钻研多年，问题却从未得到解决。提前获知以下情况可能对你有所帮助。有一些自然科学类博士论文探讨了为什么某个看似有前景的研究途径会失败，这些研究服务于他人的方式是防止他人在同样的死胡同里徘徊。作为一个科学家，你比英语或历史学者所面临的风险要高，后者知道（至少心里有数）如果在一个主题上认真工作足够长的时间，很可能磨出一篇毕业论文。但是，你成为一名科学家的部分原因在于追求激动人心的探索，如果你成功了，你的成就将是巨大的——创造一个成功的实验室实验，发明一项原创技术、发现有关胚胎发育的惊人事实、证明一个新定理。一旦你得到这样的结果，胜利就在眼前，博士论文里剩下的工作就相对容易了。在其他领域的博士论文中，这种"我成了！"的感觉可能更加微妙和难以捉摸。

做研究

在不同的领域，如何做研究有很大的差异。生物学家在实验室里做实验，用肉眼、电子显微镜或生物化学试验研究生物体。人类学家在世界各地旅行，让自己置身另一种文化中，通过思想、感觉和理智来吸收这种文化，然后通过思考和感受将这种经验转化为一种新的理论。历史学家搜索古老的记录，希望证实对某一事件的直觉，找到与过去分隔之墙的缺口，在其上开始自己的重建。所有这些活动都是研究，其中一些活动可以使用或利用写作。迟早这些研究人员都要把他们的研究结果转化为书面文件。关于具体研究技术的讨论，你最好与你的导师和论文指导委员会成员一起进行，因为他们熟悉你所在领域的特定程序。然而，更多研究者困扰于如何把研究结果形成论文，我在这里将更多关注做研究时的心理层面，而不是教你如何做具体的研究。

　　我可能永远不会忘记我为第一篇放弃的博士论文所做的研究。这篇关于中世纪文学的博士论文让我一直坐在布林莫尔大学图书馆的书堆里，透过铅制玻璃窗向外看，枯燥而无趣，而我还得试图把注意力重新放在手头的工作上——辛苦翻译和阅读圣杰罗姆（St. Jerome）的中世纪拉丁语厌女文本，这也是乔叟《巴斯妇人》的部分来源。我发现这些资料十分有趣的地方在于乔叟使用文献的方式非常奇特。

　　为了说明我的观点，我需要了解原始文本的小细节。最终使我无法完成这篇论文的，正是那种使我深陷细节泥潭的胆怯。对我而言，我的那些大胆猜测，那些我对乔叟所做事情的奇思妙想，并不是"真正的研究"，因为它们太有趣、太激动人心、太有创造力了。对我来说，"研究"意味着"严肃""乏味""痛苦"，而当时（20 世纪 60 年代）布林莫尔大学英语系的枯燥教学和我的过度紧张都支持了这种误解。最后这种痛苦让我无法忍受。我当时不

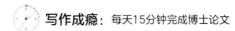

知道的是——也是我后来通过完成论文学到的——持续的写作本可以帮助我处理细节和获得真正研究所需的创造性思考。可我当时认为，如果不乏味，那就不是真正的研究；如果图书馆查阅工作与我的创造力混合在一起，那就不是真正的研究。"真正的研究"应该意味着痛苦。我希望你在进行论文研究时，能避免这种不必要的误解。

如果你把研究看作对一个课题的积极探究，以便利用你独特的智慧来研究它，那么一些事情就开始变得清晰了："做研究"不是一个积累数据再照单全收的过程，也不可能是相对被动的活动。做研究要求你的头脑"参与到"资料中，向它提出问题，并以某种方式对其产生作用，从而改变材料——顺带改变你自己。否则，成千上万篇关于莎士比亚的论文就完全没有意义。我读过的关于《李尔王》（*King Lear*）的最佳论文之一竟然是由一名哈佛大学新生所写。做研究并不是我在布林莫尔学院图书馆书架间苦苦挣扎时所想象的那样，不是被动的积累过程，而是一个完全积极的过程。

关于所有权

对你的写作的"所有权"意味着什么？意味着你的写作无论好坏都属于你，而且只属于你。如果你鼓起勇气写，你对写作的所有权必须得到读者的尊重，无论是一个人还是一千个人。不一定要被同意，但必须被尊重。你的论文指导委员会成员可以决定你的写作是否够格成为一篇可接受的博士论文；出版商或期刊编辑将决定你的写作是否会有广泛的受众；任何读者可以喜欢或不喜欢你的写作，同意或不同意你的观点，理解或不理解你的结论。但文章仍然是你的，你可以决定你要说什么、怎么说、允许谁来阅读它。其他人对它的反应归他们所有，但写作归你所有。

博士论文的所有权意味着你将一生与它相伴。从某些方面看，博士论文是你最重要的作品（即使不是最知名的，也不是最好的）。在撰写论文的过程中，你学会了如何成为一名学者，而且你可能开始相信自己是一名学者。如果你的课题是最佳类型的，那么这个课题也将是开创性的：你将在未来许多年的工作中发展它的各个方面。至少在开始时，你的课题会在就业市场上定义你的专业身份。你会惊讶地发现，在各种场合下，你会多次提到"我的博士论文是关于什么的"。因此，如果你写的东西对你来说有深刻而持久的兴趣，并且符合你的学术认知标准，那就更好了。但你可能惊讶地发现，即使是一个指定的或工具性的主题，你也能全身心投入进去。

关于格言

本章最后，我想说一下"迷信"的作用。我的几个写作学员谈到，他们发现我的"格言"在他们挣扎于写作中时对他们有很大帮助，我听到这样的反馈时总是感到不安，因为这让我觉得自己像是在分发小罐装的灵药。我希望这些格言是真的有用——例如，露丝·惠特曼的"写作为先"（write first）——具有成为个人格言的潜力。我们都需要设计属于自己的提示语来帮助我们渡过难关，提醒我们克服过怎样的困难，提醒我们什么策略对我们最有效。

在我的写作生涯中，我大量地使用了格言，曾经我打开电脑时屏幕上就会出现一行字："勿忘信誉"，我也曾在写字台前贴上一些诗句。比如，伊丽莎白·毕晓普（Elizabeth Bishop）的《一门艺术》，它提醒我，生命是有限的，所以我最好坚持做好手上的项目。另一首相当愚蠢的诗则告诉我，写作也是为了玩乐。当我想用无休止的生活琐事来填满我的写作时间时，我会对自己反复说露丝的那句话："写作为先"。你需要为自己找出那些你最需要听到的话，那些为了完成写作你必须记住的话。它们可以像"我的狗会喜欢这篇论文"这样糟糕，也可以是愚蠢的。比如，"你在毕业典礼上怎么称呼排名最后的博士生？""博士。"你可以提醒自己"好好生活（和写作）是最好的反击"。格言可以作为提醒和激励。如果你思考并写下它们，你会发现那些属于你自己的格言。

选择导师
和委员会

你的导师

选谁做导师是你在写博士论文过程中做出的最重要的决定之一，与选题的重要性不相伯仲。理想状况下，你的导师不仅是一位指导老师，也是你所在研究领域的专家，是一位教练，是一名编辑，是一位职业生涯顾问。从你对"正确主题"的最初闪光想法，到你愉快地接受你选择的机构的工作邀请，全程都需要导师引导、教导和鼓励你。导师这份工作涉及的任务非常不简单，所以很少有人能全部做好（这就是为什么你需要一个论文指导委员会——尽管所有成员加起来也不能完全胜任这项工作）。

如何选择导师和委员会成员，以及需要注意哪些事情？特别是在你职业生涯的早期阶段，有至少一个能教你了解职业领域基本知识和技能的人是非常有益的。这样的指导者可以鼓励你步入职业世界，并告诉你如何寻找方向，同时在你需要时以友善的方式批评你，并在学校内外和学术界作为你的支持者。他会把你介绍给他的同事，帮你弄清楚你的第一篇论文应投给哪个期刊，在你被拒稿时缓解你的失落，并督促你修改和重新提交论文。在一个理想的世界中，会有这样的人作为你的论文导师；如果这不好实现，论文指导委员会的一个或多个成员可能承担导师角色，但这并不是绝对必要的。即使没有一个好的导师，你也可以写出一篇优秀的博士论文，并在职业领域中存活并蓬勃发展。

在现实世界中，选择导师有重要的关系因素。在学术界，谱系很重要。我参观过一个实验室，墙上居然挂着一本"家谱"，上面有实验室主任的博士论文指导者、他的"兄弟姐妹"，即由同一位导师指导的其他博士生，以及他的"子女"，即他的学生。你可能觉得这很可笑，但这种事情在学术界很重要。你可以找到 60 岁、取得终身教职的教授，他们仍然被称为"某教授的学生"。因此，请仔细考虑，为了你潜在的学术生涯，找到一位在就业市场名声显赫的导师对你是否重要。

实验科学领域的学生还有一些其他因素需要考虑。在选择导师和课题之间可能有非常密切的联系。

通常你进入一个实验室，从事该实验室正在进行或得到资助的某方面的工作，而你可能无法选择你要研究的具体部分。如果你即将进入一个实验室，有必要看看你的实验室伙伴是谁，因为他们将是你工作环境中的重要组成部分。你对导师的选择也可能决定你对特定设备、技术、设施的使用。

如果 Q 教授掌握着 DNA 实验室的钥匙，而你想研究 DNA，那么他有多聪明或多友善可能就不如他的人脉那么重要。

在任何领域选择导师时，你还需要考虑一些其他因素。检查一下这个人在学生中的声誉。这些信息在研究生的小道消息中很容易得到。另一种间接但有效的方法是计算你潜在导师的成功"徒弟"数量。也就是说，他／她的学生完成学位的比例有多高。这个人更偏爱女生，还是男生？他／她的学生在读完博士后去了哪里？问问在读或毕业的学生，他们对导师的期望是什么，他／她的标准是什么，然后想一想你能否达到这些标准。

跟着著名的导师是一种喜忧参半的幸运。优点是显而易见的。但要记住，这些学者往往要做讲座、履行委员会义务或者担负其他社会责任，所以也许大多数时间都不在学校，当你需要他们的帮助时，可能很难及时找到他们。我的第一个博士论文导师相当有名，但我很快发现，她的学生常常难以毕业，而且她似乎与学生竞争并在他们的道路上设置障碍。我记得在那一刻，我意识到如果我继续做她的学生，我将永远无法完成学业。如果选择一个在关系上有优势的著名导师，却使你不可能完成你的学位论文，这显然是不值得的。

你的导师必须是你博士论文领域的专家吗？在自然科学领域，答案几乎总是肯定的。我听说，有人想找的导师在其他领域满足了所有重要标准，却说："但我不了解奥斯汀、符号学、内战等方面的文献，帮不上你的忙。"

这重要吗？是的。但在某些情况下，选择 J 教授（他不是你所在领域的专家，但聪明、认真、正直、全力帮助学生，且作为毕业论文导师有很好的声誉），而不是 K 教授（全球知名专家，对学生很糟糕，对学生的就业毫无帮助），可能是明智的。你对导师的选择会影响你获得什么样的指导，最好从一开始就意识到这些影响。

如果你选择 J 教授，你将放弃一个在你的研究领域有专长且愿意提供帮助的人，转而选择一个可能更为重要的品质（K 教授可能有专业知识，但他是否愿意与你分享，这一点你并不清楚）。对于 J 教授，你将不得不去寻找其他的专业知识来源，但你也会有深深的满足感，尽管有时是令人沮丧的，也可能不得不经历一些孤独。你冒着重新发明轮子的风险，因为 J 教授资历浅而无法及时提醒你："哦，是的，这是一个好主意，但 M 已经出版了一本关于它的重要图书。"你必须自己去进行这样的探查。检查你潜在导师在你预计撰写论文期间的日程安排。如果他 / 她打算在这段时间内安排学术年假，那你可能需要选择其他人。

一旦你确定 J 教授或 K 教授的学生确实能完成学业，而且他们中的大多数人在毕业后表现良好，以及 J 教授和 K 教授将在你完成毕业论文的关键期间不会外出，那么你需要做出的最重要的决定是你能否与他们中的任何一位合作得很好，或学会如何与之合作？个人风格很重要，尽管你可能想和 J 教授一起工作，他有良好的记录，有良好的关系，而且很友善，但是如果你们每次见面都让对方感到紧张，那你可能需要重新考虑是否与之合作。

你的论文指导委员会

如果你认为选择导师很复杂，那么组建论文指导委员会的复杂性可能让你感到惊讶。你的导师也许能在这方面提供帮助，特别是他 / 她应该知道所在学校关于合法委员会的规则（如果他 / 她不知道，可以向你所在的院系或研究生办公室的人咨询）。惯例是你的委员会（通常由三个人组成）要包括另一位对你的研究领域有深入了解的人，而你不想（或不能）选择他作为你的导师。如果可能的话，最好是避免委员会中出现互相敌对的成员。论文指导委员会的会议本来就可能气氛紧张，没有必要让一些负

面情绪来增加负担。更重要的是，你不希望 X 教授和 Y 教授之间的长期不和体现在你的博士论文上。

一个好的委员会将为你的想法和你的文字提供专心致志的听众，并让你得到以你的最佳职业利益为重的支持和帮助。一个平衡的委员会可能包括例如，一个以理论为强项的人、一个对你所在领域的文献非常了解的人，以及一个细心和负责的编辑。他们力求平衡，并且是很好的读者，确保你作为一个作家和思考者找到对你最有用的东西，以及你最想从你的读者那里得到的东西。有些博士论文的作者非常喜欢细心的读者，有些人则喜欢不被打扰。有些人喜欢找人讨论想法，有些人则喜欢闭关静思，直到他们觉得已经准备好接受公众的审阅。在这时候幻想人能彻底改变个性是不现实的。

在选择委员会成员时经常遇到的一个问题是，是否要从另一所大学中挑选一个人（你可能从他的著作中知道这个人，或通过声誉，或在会议上见过他）。有时你有明确的理由从外部选择一个人：你所在的大学里只有两个人适合监督你的工作，或者一个特定的外部人士可以为这个过程带来特别的东西，或者你的部门里也许有"办公室政治"，一个外部人士可能有助于化解它。也有反对这种选择的理由：一个局外人，几乎没有什么本校的资源优势提供给你，而且他／她可能更难沟通。再者，如果你选择的人在你所在的研究领域很有名气，那么他／她可能在外部资源方面很有用，而且可能有助于扩大你的专业社交网络。最后，如果你所在的系比较教条或具有较片面的意识形态，你的理论立场或主题不受欢迎，那么若有一个来自外部世界的人加入你的委员会，一个对你论文的优点有清晰看法的人，则可能"救你一命"。

跟你的导师有效沟通

特别重要的是，你要提前想清楚如何与你的导师交流，最好能不卑不亢，坚定又理性。千万别迫于压力去写一篇"别人的博士论文"。与此同时，你要认真考虑导师的观点，确保他在评论或观察中至少部分正确，以及你是否只是在固执、保守或防御。这通常是一个难以做出的判断。

无论你是性格敏感，还是神经大条，如果你审视了一下自己的内心，发现充满抗拒，而且觉得导师关于你应该写什么的建议真的不太能说服你，那么最好别勉强自己。因为在这种情况下，即使你非常努力去尝试了，也可能不会成功。最糟糕的情况是，你根本无法完成博士论文；或者情况稍好一些，你能完成博士论文，但是不会从写作中得到乐趣。你不仅浪费了宝贵的时间和精力，还破坏了你对所研究领域的兴趣，直至浇灭你对科研工作的热情！记住，撰写和完成你的博士论文对你来说是最重要的，远远比对任何人重要得多——本来也应该如此。

导师与被指导学生的关系与其他人际关系很像。比如，大多数恋情在一开始或自始至终都不太完美，但双方都必须有足够的诚意，这样你们才能通过努力让彼此的关系良好地维系下去（这并不意味着你们中的任何一方可以承诺做到无所不能、无所不在）。你的任务是让你的导师尽可能多地、尽可能有效地帮助你。那么如何才能做到呢？

——从一开始就为双方建立明确的准则和期望。比如，"如果我把我的文章交给你，然后一个月都没有你的消息，我会很紧张"或"如果你愿意，你可以下班后给我打电话，但千万不要在晚上 9 点以后打"。不要指望你的导师会欢迎你在最后一刻把你的文稿交给他／她。虽然你可能喜欢临时提交的刺激感，但他／她可能需要计划阅读时间。

——你要对论文写作过程中的责任有一个现实的认识，不要期望你的导师代替你思考或写作。

——不要发脾气，那是不专业的行为。记住，你聘请这个人是为了帮助你改进工作，而不是给你盖橡皮图章，而且你需要他告诉你他的真实想法。你不必采纳他的全部建议，但你必须以开放的心态考虑他的建议（这很难做到，但可以慢慢学习）。你还需要表现得像个成年人，即使你觉得自己还不能算成年人。

——在任何情况下，都不要让自己受到虐待。有礼貌但坚定地说出："当你在我的草稿上写下'这是垃圾'时，让我不知道从哪里开始，我听到你说这永远不会有好结果。我需要你做的是……"

——对自己的写作保持责任心，记住你才是论文的主人。

——固定会议时间，并坚持下去。提前确认好哪些原因足以改变或取消会议（例如，孩子生病，但不包括任何类型的社交活动，除非你们中的一个人被邀请去白宫或梵蒂冈），并将这些原因控制在很小的范围内。即使你没有写任何东西——事实上，尤其是在你没有写任何东西的情况下——也要开会。

——明确你的导师愿意和不愿意阅读哪些内容。有些人只想看连贯的草稿，而不是草草写就的第零稿（zero draft，见"3 开始写吧"的"设定你的每日写作目标"）。有些人则会要求看原始版本。大多数人不希望看到完全出乎意料的文稿。也就是说，学生认为是终版文稿了，但从未提前让导师看过一个字。谨慎的导师不会允许最后一种情况的发生。

博士论文偏执症

写博士论文有时有点像得了严重的但还不致命的疾病——它需要巨大的能量来维持生命，你必须很好地照顾自己，这样你才不会倒下。

你的防御系统——这里指的不是白血球，而是心理防御系统——处于极兴奋状态。这种"病态"的一个症状是"论文偏执症"，这是一种强烈的、不完全理性的感觉，也就是觉得其他人要伤害你，你必须保持警惕和勇猛，以保护自己和自己的论文。当然，当有人真的要针对你时，就不是偏执症了。显然，这需要非常微妙的判断。一个人需要防御来生存，但当过度警惕时，可能反而对自己不利。你可能对你的导师提出的一个可以改善你博士论文的好建议嗤之以鼻，因为你认为他／她的动机是故意伤害你。幸运的是，论文偏执症（与患有严重精神疾病的人不同）是有时间限制的。当你的终稿被接受后，它往往会消失。

与导师之间的麻烦事

大多数严肃又紧张的关系是复杂和不完美的，因此你和你的导师有时可能遇到麻烦。以下是一些可能出现的情况，以及一些可能的解决方案。

——你的导师不听你在博士论文中能做什么、想做什么；相反，他对你应该做什么固执己见。解决这个冲突可以从两个方向入手：先确保你所感受到的是适当的所有权，而不是论文偏执症。如果你很确定是前者，就认真地解释你在博士论文中试图做什么。如果你的导师仍然"不买账"，你就必须决定，出于权衡考虑，你是否可以按照他的要求去做，而不至于让你得上胃溃疡或停止工作。如果说服不了自己，你可能不得不考虑更换导师（这也是尽早解决这种问题的一个很好的理由）。

——你的导师与你竞争。在你的职业生涯中，这是一个特别困难的情况。这是不公平的，也是不友好的，但你无论如何都要坚持下去。当你发现你的导师总是试图贬低你或跟你争个高低，经常将你的想法与他的想法进行比较（加以贬低）的时候，同样，你必须先理性评估：首先，你是否非常确定这是一个事实？其次，如果是事实的话，这个特定的人是否有足够多的其他优势，值得你增强自己的抗压能力，把这次经历当作学术丛林的实践？当然，最后一个考虑是，你是否认为你那位有广泛联系、竞争性强的导师会把你视为他的一项荣誉，之后他会努力在行业内维护你的职业利益？

——你的导师贬低你，而你最终对自己和自己的论文感到很糟糕。最难学习的课程之一就是，没有人可以"让你"对自己感觉不好：你可以选择是否真心在意别人的贬低。说到这里，我也承认，有一个让你失望的导师是非常令人沮丧的。如果你觉得有能力（这是一个非常微妙的判断），你可以决定面对你的导师。但我认为很少有论文写作者能成功地做到这一点，原因是多方面的（最重要的一点是，即使最好的师生关系中也存在着权力不平衡）。如果你决定坚守这种关系（大多数写作者会这样做，因为中途换导师也很难），你绝对有必要建立一个由

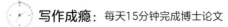

其他人组成的小团体，这些人将鼓励和支持你和你的博士论文，作为对抗恶意的解药。

——很难联系到你的导师。比如，不回你的电话，经常处于无法联系的状态，跟你隔着一整块大陆，或干脆就在地球的另一端。试着清楚地说明你何时需要帮助，询问你们如何才能保持顺畅的联系。然后在无法联系的时候，如果你必须与他联系，就使用所有可用的方式——电话、电子邮件、传真、快递来尝试联系（并保留你尝试联系的书面记录，如果你以后被指责未能主动沟通的时候也许用得上）。理想情况下，当你对导师进行初步筛选时，其他学生就会告诉你，X 教授在关键时刻往往会消失，如果你所在院系允许的话，可以选择其他人（或者至少有所预警）。确保你与其他老师和导师保持正式或非正式的联系，这样你就能得到你需要的帮助。你也可以组成一个 X 教授的"孤儿"学生互助小组。

——你的导师对你的批评太过猛烈，以至于你在会面结束后要花几周时间才能恢复写作状态。你不能在每次见面后都休息几个星期。试着在会后马上记录会议内容，或者给你的导师写一封你不会真的寄出的匿名恐吓信，或者去健身房锻炼——找到一些方法来释放导师会面所导致的强烈负面感受。甚至可以用你的愤怒来推动你的写作，因为它比咖啡因更有效。你可能还想考虑一下如何呈现自己和自己的工作（我不是想责怪受害者，但我确实认识一些论文写作者，他们把自己的作品提供给别人，甚至故意激发有虐待狂倾向的读者去攻击）。最难的工作是把适当的批评和恶意的攻击区分开来，所以让其他人，如你的同学/受害者，加入这个过程是很有帮助的。你不一定非得在你所在的系或大学里获得反馈，从其他教授那里也可以，而且这可能是一个很好的现实检验。请记住，你最好的"报复"就是继续好好地生活和写作。

——你的导师骚扰你。如果真的发生这种事情，你可以采取法律手段，甚至提起诉讼。在最低层面，要注意你与导师会面的时间和地点。面对骚扰行为，你要坚定而明确地表示拒绝。如果可能的话，记录下导师的行为举止，询问导师身边的人是否有同样的经历（有此劣迹的人很有可能骚扰过不止一个学生）。如果你决定提起诉讼，请谨慎考虑选择恰当的时间点。这是一个学生所面临的最糟糕的情况之一。试试看能否更换导师。

上面我提到的情形是按糟糕程度递增排列的。由于我职业的缘故，我会比大多数人听到更多这样的事情，我也意识到我的感受是有一定偏差的。也就是说，这些可怕的情况在现实中是罕见的，你不太可能遇到，但这样的事情确实在学术界发生过，如果遇见，你就不得不处理这事。请记住，即使在这些失控的情形里，即使在权力不平等的关系中，你仍然对你的论文、你的感受和你的生活保有一定的控制权。

——

认真思考你如何能最好地利用他人的才能和反馈，然后选出最能够满足你需求的导师和委员会成员。不要试图去选你认为你应该需要的东西，而要根据你的经验，去做出真正对你有帮助的选择。如果运气不错，再加上一些提前的计划，你将能够避免一些糟糕的情况，还能化解其他问题，即使在极端的情况下，仍能保证你的作品与你的诚信不受损害（我的一个熟人曾经跟了一个恶魔导师，她通过一遍又一遍地对自己说"不要生气，要报复！"从而在创纪录的短时间内写出了一篇一流的论文）。大多数导师很珍惜他们的特权，不会滥用他们的权力，许多学生在离开研究生学院时与他们的论文导师建立了宝贵的、受用终生的职业关系。

开始写吧

本章旨在帮助你开始写作。我在哈佛大学写作中心工作时，我们开玩笑地说，对写作者最有用的装备就是一桶胶水。先在你的椅子上浇一些胶水，然后你坐下来。

对写作过程的思考

为了让你写得更多，而不只是坐在那里，我想唠叨一下写作过程，以及它是如何奏效和失效的。我即将违背一个重要的行为原则："永远不要通过向别人展示错误的方法来教他们做正确的事。"让我们先来看看在学校里他们是如何教我写作的。首先，你选择了一个主题，这个主题也许来自一张清单，也许来自老师的建议，也许是凭空出现的，或者是通过查看图书馆哪个书架上还没有被借走的图书。然后你研究了这个主题（这一步似乎需要使用很多索引卡）。接下来你思考了该主题（这时我总会想象一个卡通人物的形象坐在桌子前，脑袋上方飘着一个空白的对话框）。

经过思考，你为你的论文制订了一个大纲，然后开始写作，从大纲上的"1.1"开始，逐渐充实内容，并确保每段都有一个不错的主题句。你按照大纲的顺序进行，写完一部分，就用一个总结性的段落为这部分内容画上句号。完成后，你让论文"醒"上一天，就像面团发酵一样。之后，你回过头来校对语法、拼写、段落过渡和用词，这部分论文就完成了。

我认为这种模式并不是很有效。很多时候，这种模式会让你写出整齐干净却无聊的论文，往往是形式完美却内容空洞的论文。这种模式很难带来一篇有深度思考的论文——有着强烈和独特的见解和风格，回答了很多问题的同时也启发了更多问题，会令人读了还想读，最后梦里都是它。我想教你一种能写出上述论文的方法。

如果你看着一篇文章整洁而有序，而对它是如何创作出来的一无所知，那么你可能推断该文章是用阿洛·古瑟瑞（Arlo Guthrie）所说的"良好但老派无聊的模式"创作的。然而，真正能良好完成的写

作通常不是在这种模式下产生的，即使能完成，这种模式也不能算最好或最令人满意的写作方式。在《难以捉摸的掌握：伊丽莎白·毕晓普的〈一门艺术〉的草稿》一文中，布雷特·坎德利希·米利尔（Brett Candlish Millier）研究了毕晓普诗歌的17份草稿，想知道精致的写作到底是如何完成的。我从阅读毕晓普的草稿中发现的最令人震惊的事情是，她的第一稿几乎和我的诗作初稿一样糟糕，而关键在于毕晓普之后所做的，以及她重复这个过程的次数——这些使得一切都有了真正的差别。

一个人如何真正开始写作？小威廉·G.佩里（William G. Perry Jr.）简明扼要地描述了这个过程。"首先你要制造混乱，然后你要把它清理干净。"如果你琢磨这句话的含义，很快就会意识到你之前的写作方式是有待商榷的：不再需要遵循罗马数字的整齐大纲，每个段落也不必有优雅的主题句，甚至可能没有清晰的方向感。如果你不想突然经历自由落体般的冲击，就需要做些策略方面的调整，以便能让自己在这个新模式中顺利过渡到新阶段，其中的行为原则包括理解怎样把写作变成一种嗜好，以及习惯每天制造一些混乱的文字。

当你坐下来开始写作时，首要的目标应该是"大胆乱写"（make a mess）——把脑海中出现的所有想法都写下来，不管是否与主题有关。不必过于担心你写的内容是否逻辑严密，而是要像小时候玩泥饼一样去对待你的主题，而不是精雕细琢。如果你天生不擅长拼写，那就不必在意。总的来说，暂时忘记所有的规范和框架，尽情地写（甚至连语法规则也暂时不用考虑）。我怀疑很多写作障碍的出现是人们在写作时不习惯像玩泥巴那样自由发挥。他们认为写作是一项整洁、干净的工作，我却不同意这种观点。

你可能认为我在要求你成为一个不负责任、漫不经心的写作者，实际上我只是在鼓励你尝试一种新的方法，如果你能坚持下去，会有意想不到的效果。我心目中的写作过程包括两部分：第一部分是"烹饪"，即制造混乱的部分；第二部分是强迫性的整理，即清理混乱的部分。如果你只做第一部分，最终确实会得到一个乱麻般不负责任的作品，你都不愿承认那是你写的。不过，如果这两部分你都做了，我相信你将写出更强大、更有想象力的作品，你会为拥有这样的作品而自豪。

当我建议你在草稿上大胆乱写时，并不是鼓励你故意使自己的写作变得杂乱无章或无法沟通，只是你需要在写作过程的第一部分控制自己的焦虑。如果你把自己的目标看作是做泥饼或沙堡，而不是石头建筑，那么就很容易做到这一点。因为你只是在画草图，而不是一幅即将交付的油画。

你应该停止担心哪些方面？如果你能连错别字都可以无视，那就成功了（第一遍写只需要保证在你重读时能弄清楚写了什么就可以）。如果你能忽略句子结构，那就更好了。专注于你要表达的内容，看看能有多少种不同的表达方式。你可能发现，此时你的意思和风格可能都会变化不定。在这一阶段，你根本不需要担心如何组织全文。当然我也希望你不要强迫自己非得从开头开始写，然后按顺序去写中间和结尾。

如果你在动笔时觉得写得不好，没关系，可以记下这一点（我发现在写作过程中不断与自己对话，讨论我遇到的问题和难题是很有用的）。我经常把这些评论放在我的文章中，用方括号或不同颜色的水笔或铅笔标记，这样当我回来修改时，就能认识到并迅速处理我已经注意到的问题。当我处于这种混乱的阶段时，我不会停下来费心地遣词造句。如果我一时不能找到恰如其分的词，我会列出三个或四个替换词或者表达方法，当我在写第二稿时便可以停下来寻找合适的词，那时这样做不会影响到我的思路和感受的自由流动。

这一阶段写作的主要目标是保持你大脑中有趣而有活力的灵感火花。为此，要杜绝任何妨碍这个目标的事情。如果根据大纲写作很容易让想象力"短路"，那么追求技术细节便会削弱灵感直至文思枯竭。如果你对写作力求完美，那么也许你首先要明白的是杂乱无章的写作不仅有效，而且对于创造你心目中完美的作品是必不可少的。在第四章，我将谈谈如何对混乱文稿进行清理。

运用行为学原理

你需要了解一些简单的行为学原理。首先，你需要知道负强化（negative reinforcement）和正强化（positive reinforcement）之间的区别。每次做错事时，我们有可能通过自我惩罚来纠正，但这种方法既没有效率又不人道。正强化，也就是在我们实现一系列小目标的过程中每一步都奖励自己（动物训练师称之为"成型"），这更令人愉快，也更有效。（如果你不幸尝试过通过殴打来训练小狗，你会知道最终可能得到一只温顺的狗，但不是一只活泼、快乐的狗。用赞扬和食物奖励训练的小狗会成长为活泼、听话的狗。）

如何将上述观察转化为奖励写作的过程？你可以为自己设定可行的目标，然后选择可行的方式来奖励自己，形式可以多种多样。比如，和朋友一起跑步，在你最喜欢的咖啡馆喝杯咖啡，用半小时来阅读小说、听音乐或"煲电话粥"等。总之，找到自己的乐趣所在，并加以利用。尽量避免自责和批评性的说教（包括有时来自其他人的那些），避免对你所写的东西说三道四。也别把自己置于无法安心写作的环境中。（实际上，我与一位学生有过如下交流："你在哪里写作？""在厨房的桌子上。""写得下去？""我从来没在那完成过任何东西。"）

你还需要练习两种类型的奖励——除了我之前描述的那种简单的奖励，还有一种较为复杂的奖励，即普雷马克原则，或"你祖母的土豆泥法"——"在你吃完土豆泥之前不能吃甜点。"这个原则是说，为了强化某种预期的行为，可以将这种行为与另一个你高度重视的有利行为绑定在一起。当把普雷马克原则应用到写作策略上，就意味着你需要找到那些你不想错过的事情，比如，你不看报纸就觉得一天不完整，那么在你完成当天的写作目标之前就不允许自己去读报纸。这种强化法最奇特、最令人兴奋的结果之一是，一旦你培养了良好的写作习惯，写作本身可能成为奖励，成为强化的结果。

我想强调的另一个策略是，要非常确定你为自己设定的目标是切实可行的。也就是说，避免给自己分配一个大得无法完成的工作。宁可每天完成 2 页马马虎虎的成果，并真的坚持下去，也不要把目标定到 10 页，否则因为任务太重甚至无法开始。如果你一开始就让自己感到很挫败，接下来你可能发现自己更写不出东西来，然后越写越少。

逼迫自己去完成超出日常的工作量也是一个常见的错误。如果你这样做了，往往会发现自己在第二天无法达到目标。

就算你感到疲惫、糟糕，甚至感到无话可说，这个时候也要坚持写作。你要做的是启动写作这件事，并了解自己的写作节奏。有些日子，你可能进入一种高产状态，觉得写作是自动完成的，但很有可能在其他一些日子里，你觉得自己根本写不出来任何有价值的东西，而且这两种情况可能在你的写作周期里交替出现。我的写作讲座中，引来最多笑声的一句话是："大多数人宁愿去卫生间擦地板，也不愿意坐下来写东西。"保持良好写作节奏的最好方法是每天都写——也许除了你的生日，或者另一半的生日。你可以随心所欲地定义这里的"每天"

是指哪些天——一周 7 天，或只在工作日，或每 7
天中至少有 5 天——重要的是，你要提前确定好该
怎么执行写作计划，而不是每天都不断想要去改变
规则。例如，不要让自己在不想写作的早上有机会
去决定自己写还是不写。在这方面，写作很像跑步：
如果你等到早上起床后才决定是否跑步，那么你很
可能不会穿上跑鞋，也不会出门。坚持跑步或写作
的唯一方法是为自己制定一个规则，而且不允许自
己轻易去打破它。

关于写作如何成瘾

大家对"上瘾"这个词的印象很差，但也因此忽
视了"上瘾"对人的积极影响。有人因此成为藏书
家，有人因此成为歌剧迷，还有人因此打理出漂亮
的花园，或做得一手好菜——成瘾让人们沉迷于一
些特定的事物并充满激情。有些上瘾不太好，但有
些上瘾就很不错。

比如，沉迷于运动，沉迷于户外活动，沉迷于

每天读报或听广播来了解新闻，沉迷于游泳，沉迷于园艺，这些上瘾就很不错。对于一些幸运的人来说，写作也可以成为一种瘾。写作之所以能够成为一种瘾，是因为它满足了一种本能的需求，并带来了快乐（是的，我说的的确是快乐）。写作是满足何种需求呢？

对一些写作者来说，写作给了他们一个与自己相处的机会，让他们可以倾听自己的心声，整理自己的想法和感受，可以集中注意力并安静下来。对于另外一些写作者而言，他们有着充沛的表达欲，写作可以成为较为安全和保持分寸的出口。这就像运动，运动前要热身，让肌肉进入状态。而其中的乐趣呢？如果你有跑步的习惯就不难理解。每天写作的满足感非常像每天三英里长跑的满足感。准备开始，进行热身活动，迈开步子，有一种"自动起跑"而不是"被动开跑"的体验，一种不再需要控制的运动流畅感，然后冷却放松，你会感觉到："现在一整天都属于我自己了，因为我已经完成了今天最需要做的事。"对于那些对跑步不太熟悉的人呢？

写作提供了一种深刻、持续的参与活动的乐趣，在这项活动结束时，你会清楚知道自己有所收获，所行非虚。

为什么我们会上瘾呢？因为当某样东西给我们带来强烈的快感时，这种快感就会转化为一种强化剂。也就是说，它使我们越来越频繁地回到这项活动中。积极的成瘾也能使我们集中精力。这个过程有自己的一套内置动机系统，并且有戒断症状。

有一次，一个向我咨询写作的学生来找我，看起来很苦恼，她说"感觉很烦躁"，想知道这是否是因为她在过去几天里没有时间写作。我们探究了一下，在排除了其他可能原因之后，我们可以确定她确实是因为没有写作而感觉很糟糕。当然好消息是，她很快就养成了可以自动运转的写作瘾好。

你需要开始尝试培养写作瘾好，建立一个模式加以良好应用，并且能够在其效果减弱时及时调整。即使你"非常神经质"，即使你从未真正养成"写作瘾好"，这种方法仍然可以帮助你动笔写作。当然，要写出一篇优秀的博士论文，感受到写作的

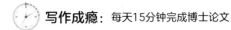

快乐或享受创作的过程都不是必需的。但是如果你因为写作而落下过度紧张以及神经官能症的毛病，那么不管你想不想去解决这种紧张，完成一些工作都可能让你感觉好一些。

自由写作和"大胆乱写"

接下来谈谈如何利用自由写作来养成你的写作瘾好。其实，我们可以从一个非常小的任务开始，学会每天写 10 分钟，无论晴天还是雨天。每当我提出这一点时，很多新手不以为然，反应大概是："10 分钟？按照这个速度，我得花 10 年时间才能完成我的毕业论文！"一般我都会耐心解释：眼前的状况是他们根本无法动笔，纸面一片空白，而每天写 10 分钟是一个很大的进步（从数学上讲，这是一个趋近无限大的进步）。当然，如果你一直是每天只写 10 分钟，确实很难完成博士论文。但这是一个很好的开始。尽管本书的书名说的是每天写 15 分钟论文，但我建议从每天写 10 分钟开始，因为对于帮助一个写作者走上写作的正轨来说，这是最快速也是最容易的。一旦 10 分钟内可以完成，我们就可以增加到 15 分钟，并逐渐增加到更长的写作时间。任何人都可以每天写 10 分钟，对于自由写作而言更是如此，因为这是一个确定可以完成的任务。以一个你肯定能成功的任务开始你的练习是至关重要的。如果一开始就发誓每天要写 8 个小时，但每天都完成不了（任何人都完成不了），结果就相当于快速扼杀了你的博士论文写作。每天 10 分钟是建立写作之瘾的一个非常有效的方法。

究竟如何进行每天 10 分钟的写作呢？彼得·艾尔博在《写作无师自通》中提出的自由写作指南是这样说的：

开始写就不要轻易停笔，不急不躁地快速写下内容，不要停下来回头阅读，或试图去做删改，当出现提笔忘字，或不知道用什么词或句子的时候也不要停下来，甚至不要思考你正在做什么。如果你实在想不起一个词或一个字，就用一条斜线，否则就干脆写一个"这里我想不出来"。简单粗暴，就是要把你脑子里所想的东西先通通写下来。如果你的思路卡住了，可以写"我想不出该说什么，我想不出该说什么"，想用多少次就用多少次。唯一的要求是不要轻易停笔。

注意要点：无论如何，都要继续写下去；即使你不喜欢，也可以坚持 10 分钟。然后你可以看看你写了多少内容。大多数人平均在 10 分钟内可以写出约一页或一页半的内容。

你肯定想不到，即使在这么短的时间内，进行这种看似无意识的写作（这里我们再次强调潜意识的力量），在你重读这些文字时，仍会发现一些有趣的东西，一些你以前不知道的东西，也许准确地说，是一些你不知道自己知道的东西。自由写作是一个有点神奇的过程，在这个过程里，"2+2"有时等于"5"。当然了，只是每天 10 分钟自由写作，不管内容多精彩，恐怕也很难让我们完成一篇出色的论文，所以我们还需要学习如何提高写作产量。但是记住，只有当自由写作已经成为你熟悉、舒适的和自然而然的习惯时，你才能考虑采取进一步的措施。

使用自由写作、大胆乱写的模式在两个方面比传统方法效果要好：一是给你带来更少的痛苦，二是帮你产出更好的内容。你可以这样使用它：假设你需要为你的论文写一个粗略大纲，你对选题和深化都不太确定。你坐在书桌前，开始自由写作，在纸上写下你可能围绕或关于这个主题的任何想法、灵感或感觉。你在写作中不断问自己一些问题，比如，"我是否想选择这个主题？我知道我可以有条不紊地完成它，冒着厌倦和写出一篇普通论文的风险，还是我想冒着我的职业风险选择让我兴奋的特立独行的主题？"（顺便说一下，这个问题没有统一答案。）当然，你脑海中也会有关于项目的其他问题浮现，比如，"我真的愿意做有关这篇毕业论文的相关研究吗？我会有兴趣坚持下去，最终完成相当于一本书的作品吗？""当我完成时，能有多少人愿意读它？""安东尼·特罗洛普（Anthony Trollope）有这么多本著作，我该从何谈起？又该在哪收住？其中我必须提到哪些内容？哪些内容又应该被舍弃？""关于特罗洛普对女性角色的描写，有哪些我感兴趣的地方？"

你应该每天都进行自由写作——包容的、杂乱的，不一定看起来有进展——让写作带你回到自己的思考和感受，观察每天深入的思考给你带来哪些内容。在这些不断迭代的练习中，你会发现你的思想和感受越来越清晰，主题也越来越清晰。在我的学生中，只要是坚持自由写作的，都感受到了这些效果。

接下来，我们就要朝着稍微有些集中、不那么自由的写作方向努力，向深的方向挖掘你的思路，并通过快速联想来打开新的想法和新的方向。稍加限制的自由写作是为了使用更多理性思维。要做到这一点，你要在一开始就给自己设定一个更有针对性的任务，不再是"在 10 分钟内写任何东西"，而是："在接下来的 10 分钟内以最快的速度写下关于特罗洛普的某一部小说的内容，尽量集中在政治方面。""目前这一章写成什么样子才是最佳的？""这一章最困扰我的是什么？我能否想到什么解决困扰的办法？"换句话说，你给自己设定一个宽松的主题，问自己一个问题，让自己沿着某个方向思考，并试图把范围从整个世界集中到你论文的问题上。你在写作页面顶部贴上的一些问题（在比喻意义上的），将源自你之前所做的自由写作。但有时你仍然会想要随心所欲地追随你的思维，继续利用联想，并且不担心自己的思考是否偏离了主题。

最终发散性思维会帮助你在博士论文的写作中生发出一些有趣的想法。

事实上，对于一些写作者而言，这种略加限制的自由性写作反而更加有效。有时候，围绕"某事"写作比围绕"任何事"写作要容易。如果你发现自己在自由写作中挣扎不休，可以尝试这部分提到的更有针对性的写作。

到现在为止，你应该能够相当快速地写作，而且能够集中精力写作，而不至于扼杀写作的流畅性。在状态好的时候，你应该学会利用自由写作来提高写作的速度和流畅性，并在你的思想和写作之间建立通道，以便像 B.F. 斯金纳所说的那样："发现你要说的东西。"（to discover what you have to say）（我特别喜欢这个短语中的巧妙双关：你将发现你内心拥有什么可以表达的内容，也会发现你有什么最需要表达的内容。）接下来，你要怎么办？如何以足够的速度积累文字，以便在你的百岁生日之前完成博士论文呢？

设定你的每日写作目标

接下来你需要确定的是如何设定你的每日写作目标。有3种方法可以做到这一点，而且这3种方法都有效，尽管效果不尽相同。第一种方法，我们称为"坐够时间法"，是说你要写够一个固定的时间，比如，每天写2个小时。很少有人能一屁股坐下连续写2个小时不挪窝，大多数人写作期间难免要发发呆，或起身煮几壶咖啡、接打几个电话之类的。

可能某天你状态极好，一口气写了很长的时间，但问题是，你不太可能第二天还能写那么久，更无法每天都写很长的时间。而完成博士论文需要你每天都得写。第二种方法：灵感法，即计划每天写作直到你产生了一两个不错的想法。第三种方法："多页法"，即选择一个合理的页数，并计划每天写完相同的页数。

根据我与许多写作者的经验，我认为多页法效果最好。如果你只是简单固定一个写作时长，类似"坐够时间法"，就有可能把所有或大部分时间花在盯着墙壁发呆上，这样不仅浪费了时间，也没有产生任何成果。灵感法的问题是，人并不是每天都有新想法，难免碰巧几天都灵感枯竭，但无论如何，写作都是一件苦差事。多页法的好处是，它奖励快速写作：写 5 页可能需要 1 ～ 5 小时。（我说的不是 5 页字斟句酌的文章，而是 5 页草稿，非常接近自由写作。）但以写满 5 页为目标，越快完成，你就会获得越多的自由时间。这种方法可以激励初学者写得更快。在我的经验中，快写产生的结果并不比慢写差。这种方法也会产生大量的文字，而且其中至少有一些可能是有用的。我建议大家试一试这 3 种方法，看看哪一种最适合自己。

我想详细地讲一下多页法，因为大多数人最终会选择这种方法。首先，选择一个数字来确定你每天的写作页数，在3到6页之间。接下来，在一周内尝试每天写到这个页数。（我还是拿跑步打个比方，这个过程非常类似跑步者通过一段时间的锻炼，发现每天跑多少公里是最适合自己的。）

在找到适合的页数之前，你会经历这样的过程：开始的时候可能有些缓慢，比如说第一页，然后你会觉得找到了节奏，发现可以继续写一段时间，之后你开始思考问题，顺着思考的小岔路探索一下，甚至可能发现一两个新想法。然后，终于到达一定的页数，你开始感到疲惫，觉得今天的写作精力已经差不多耗尽了。这一天下来，你要总结所经历的一切，把脑中的困惑或未回答的问题都记录下来。曾在麻省理工学院教授写作的肯尼斯·思姬尔（Kenneth Skier）提出一种方法，叫作"下坡路停车"，即在前一天停笔时，用文字勾勒出你的下一步可能是什么，比如三言两语写一下你想继续延展或探索的想法都有什么。这个方法可以帮助你每天坐下来后更容易起笔，可以节省大量的精力，减少内耗。

如果你每天写 3 ～ 6 页（你可以每周休息一天，即使上帝也有一天休息），你会发现你迅速积累了大量的写作成果。其中大部分是我所说的"垃圾文字"——它不会出现在你的博士论文中——但写它仍然很重要。多数情况下，在头脑中，好想法不是整齐划一出现的，而是从犹如炖锅一样的思绪纷杂中浮现的。而你需要为它们提供适当的条件，让它们更容易浮现。随着时间的推移，你将转向较少的自由写作，并发现你的想法在发展，你的论点开始形成。这样写出来的东西将构成你博士论文第一个实质性部分，即第零稿。你的工作是继续写、每天写，不断积累文字，逐渐聚焦，为这些文字标上日期，将它们保存在记事本、电脑或实体文件夹中，以便你能轻松找到它们。

但在你坐下来开始写作时，我还有最后两条基本建议。

第一条建议，好记性不如烂笔头。每当你有一个想法、一个计划，甚至一个"点子"时，都要赶紧把它写下来。不要以为你光用脑子就能记住它。想跟别人讨论也先把它记下来再说。用各式各样的办法把它保留下来——记事本、笔记本电脑、随身携带的索引卡（终于，你在使用老式研究和写作方法时买的那些索引卡有了用武之地）。要养成一个习惯，即第一时间把那些你在跑步时突发奇想的念头给记下来。

第二条建议，"写作为先"（write first）。我一生都是一个非常固执（我的批评者称之为"抗拒性"）的学生。我最后悔的固执之处是 5 年来我没有采纳我最好的写作老师的建议。露丝·惠特曼对我说的话非常简单："写作为先"。她的意思是让写作成为你生活中最优先的事情。但她也是指这句话的字面意思，即在你一天中做其他事情之前先写作。我亲眼见她是如何将这一格言转化为行动的。当时我正在参与她主持的一个诗歌研讨会，我们一行人与她住在同一所房子里。那所房子位于南卡罗来纳州海岸边的一个小岛上，出门就是 11 英里（1 英里＝1.609344 千米）长的海滩，但露丝并没有以在海滩上散步来开始她的一天。事实上，她也没有与我们进行任何闲聊。每天她醒来后，会给自己煮些咖啡，然后就回到她的卧室，接下来会花两个小时阅读和写作。完成之后她才会出现，准备教我们她所知道的关于写诗的知识。我这个人注重眼见为实，所以当我看到露丝·惠特曼是如何践行她所说的"写作为先"时，我才开始真正理解并相信这个建议。我从那个研讨会回来后，重新安排了我的临床时间表，以便每周有四天一开始就进行写作；另外三天，我把写作填进一天中的某个时段里。我因为设法把写作放在了首位而感到满足，我希望你能比我更快地听从这一特别的好建议。

从第零稿到
第一稿

现在你已经写了很多页，大部分是杂乱无章的。该如何下手把你写的东西变成一个真正的第一稿？这是论文写作过程中最令人焦虑的阶段之一——焦虑程度仅次于给论文开头。你已经写了很长时间，但是还并不清楚什么才是你想说的或可示人的成果——手上有的只是一堆乱七八糟，甚至有些不知所云的文字。这一章讲的是如何把这些混乱的东西变成一篇有架构（虽然不一定是最后的架构）和有论点的文章。这一阶段开始回答这些问题："这些文字材料是关于什么的？我提出了什么问题？我将如何回答它？"

第零稿

你可以通过思考第零稿和第一稿的定义来考虑你的博士论文所处的阶段。我第一次听说"第零稿"是来自路易丝·布沙尔（Lois Bouchard），她是一位有才华的作家，也是一位写作导师。她所说的"第零稿"是指这样的：

这是一道营养丰富的汤，仅此而已。你不必评判它、质疑它、对它大惊小怪。它就是如此，你可以让它保持原样。你也不必有压力去向任何人展示它。或者说这只是一个起点，还没有被定义。你在这里写的任何东西都不是铁板钉钉的，甚至没有什么是必然可用的，但你已经有了些东西。它被称为第零稿。

第零稿可有可无，取决于你的写作方式。第零稿可以是你第一次为之前所积累的页面整理框架的一个小小的基础，尽管它们仍然如此混乱，以至于称它们为"第一稿"都显得有点冒昧，但显然第零稿已经比纯粹的混乱要有序多了。

第零稿是你开始想象或辨认出你搜集材料的"形状"，以及在你看似混乱的思绪中找到方法的阶段。这一稿可以有多种形式：它可以是一个试探性的、散文式的纲要，也可以是一个方向性的声明："好的，我开始明白这一切是怎么回事了。我的问题正从这一团乱麻中升起，而且我似乎一直在以不同的方式回到这个问题上……以下是我所关注的一些问题，以及对其答案的一些初步思考（其中一些想

法还是相互矛盾的）。"

或者"在过去的一个月里，我在三种不同的虚构假设中兜兜转转，但现在我意识到，实际上只有两种，a和b实际上是同一种的不同部分，可以被描述为……我现在要做的是专门列出一章，对其进行比较，然后回过头来阅读那些未分类的内容，挑出有用的例子和想法"。

或者"一个月前，我为这一章拟订了一个大纲，在此基础上我允许自己随意探索了一番。现在我觉得这个大纲不太对，我需要做些更改，主要如下……在我的期待中，文章大致是这样的，而现在可以开始写第一稿了。"

第一稿

第一稿是你尝试产出的一个尽管不完美但力求完整的版本，包含了你最终想要表达的内容。而且，与第零稿不同的是，第一稿会受到你的分析和批判性的审查。你会问一些在第零稿中不会问的问题。

例如，"这对吗？我有什么证据来支持这个陈述？这个论点是否站得住脚？"然后你将在此基础上继续构建你的写作。

第一稿在形式和感觉上都与第零稿不同。当你看到你的文章有了真正的内容——也许只是雏形——一篇文本已经从一团乱麻中脱胎而出，此时你就能做出判断：我已经有了第一稿了。有了第一稿，意味着你不必每次写作都从头开始了；意味着你可能仍然有几条路可以选择，但已经走出了完全未知的领域。你可以从这一稿中提取结构连贯的大纲，也可以真正回答一个或多个问题，并证明你在界定问题方面已取得一些进展。当然，这一稿并不一定完全正确，但它让你有了一个可以继续努力的基础。

开始写第一稿

如果你有自由写作的积累或第零稿的基础，那么第一稿写作就是扩展或充实你已经写下的想法。

对于如何开始写第一稿，这里有一些方法供你参考。

——在已有的第零稿中挑选出看起来有趣的、有启发性的或有共鸣的字词、短语或句子，从它们下手尝试开始写。

——问问你自己："在我所写的东西中，什么对我来说印象最深刻？""在这些杂乱无章的东西里，有可以提取的论点吗？""我想说的是什么？""我在这里说的都是真的吗？""我自己相信吗？"

——试着在 5 分钟或 10 分钟的自由写作中，反复回答"我在这个章节中真正想说什么？"这一问题。

提出问题

如何从第零稿到第一稿，与你如何提炼问题密切相关。"在这篇博士论文中，我的问题是什么？"这个问题一时半会儿不会得到解决，其答案不会在你写博士论文提案、大纲或第一次开始写作时就确定下来。在这一写作阶段，最令人紧张和兴奋的是不断提炼你的问题或疑问。

提炼过程中需要我们一直问自己问题："这里到底发生了什么？""为什么我这么困惑？""他说的这句话是什么意思？""我怎样才能从这里走到那里？"你需要利用这种能力，并将其应用到你的博士论文写作中，因为你要学会与文章、读者、自己进行持续的对话。能够提出问题和钻研问题是与得到问题的答案一样重要的，这可能是你从良好教育中获得的最重要的技能。当你写毕业论文时，这项技能就让你变成了那个提出问题的人。你要关注的不是提出一个"对的问题"，而是提出一个可以发展你的思路、打开各种可能性和消除局限的问题。

被问问题这件事可能让大多数人感到置身困境。如果你做过教学工作的话，你会发现，当你一开始问问题，学生们就会躲到一边。从你做学生的经验来看，你也有所体会：即使在你知道答案的时候，你也会担心你的答案是错误的，或者突然忘记怎么回答。

因此，当你主动开始问自己问题时，你可能经常修改自己的答案。此时你处于一个新的位置：没有外部听众，你可以尝试各种答案；没有一个正确的答案，你甚至可以对同一个问题给出截然相反的答案！再继续尝试下去，你会想得到一些或多或少更接近正确的答案，但最好的办法是学会问一些可能有广泛的、发散性答案的问题。例如："如果我提出与我刚写下的观点完全相反的论点会发生什么？""我写的这篇稿子令人激动但也有点儿令人不安——这是为什么？"甚至，"如果我现在放弃这篇博士论文，会发生什么？"另一种方法是你可以从读者的角度问自己问题，可以想象自己正在与潜在读者对话："你为什么在这里说这个？你说的……是什么意思？我不明白。"提出这种问题也可以帮助你开辟新的思路。

撰写第一稿的几种方法

选择一种适合自己的工作方式，而不是心存幻想的那些工作方式。不要尝试同时创造一篇博士论文和一种新的工作风格。我有一个写作学生叫珍妮，她天生是一个很有条理的人，她对混乱的容忍度很低，尽管她承认"大胆乱写"的策略对她把想法写在纸上很有用。当混乱变得过于难以应对，她开始担忧只见树木而不见森林，她的解决办法是生成一个大纲。她会试着构建自己目前能做到的最清晰的大纲，但她知道这不会是最终版大纲，她以这个过程为一个契机来向自己提出一些重要的问题："这篇论文到底是关于什么的？""哪些是我的主要观点，哪些是次要观点？""如果我现在必须指出我认为关于这个主题的真相是什么，以及为什么，我会怎么说？"

珍妮用列提纲的方式迫使自己提出清晰和有条理的问题。这种方法适合那些从理论开始然后转入具体实践、思维结构高度有组织的人。这种方法能帮助珍妮超越混乱而见秩序，从一棵棵杂木得见一整片森林。

如何从混乱中创造出秩序，取决于你是怎样的人。如果你天生就很有秩序、很谨慎，你的写作过程可能与珍妮相似；如果你像我一样，对混乱的写作有更大的容忍度，更愿意凭直觉来写作，你可以让自由写作引导你逐渐形成清晰的思路；如果你介于两者之间，可以尝试将自由写作与分析性提纲策略交替进行。

在这个重要的、令人焦虑的阶段，非常重要的是要记住，你不可能彻底改变性格。如果你总是大大咧咧地凭直觉工作，就不要尝试太过谨慎和有序的方式。遵循过去曾让你顺利完成项目的风格去写作，这样你的胜算更大，你可以尝试对自己的风格稍作调整，但千万不要把自己变成另一个人。

同样，如果你是有条不紊和整洁清晰的人，彻底变成自由写作可能让你感到焦虑。你可能想稍微改变一点自己的小心谨慎，但你不需要变成一个嬉皮士。你的混乱可能永远不会像性格更为随意的人那样。以下是不同类型的人处理这个阶段的写作的一些案例。

我认识一位非常成功的教授卡尔，他从事的领域既科学又艺术。他喜欢阅读，但他更喜欢用眼睛来认识世界：图表和图像既是他的得力工具，也符合他的性格。他爱好垂钓，也是一个有天赋的艺术家。但他并不是靠活泼、聪明和艺术感悟而成为哈佛大学终身教授的，他也要写论文。一个热衷图像表达而不是英语单词的人是如何达到这样的目标的？当我问他如何将思绪从混乱整理到有序时，他这样回答："我对着录音机口述，根据我脑海中的图片来描述我的论文，然后把它转录下来。"

当我问他具体如何实践时，他说："我可以看着大纲和主要观点来叙述。"当然所谓主要观点来自他研究了多年的领域，其中很多也在讲座上做过阐述。他要么从他的讲座幻灯片中重新构思想法，要么把他过去快速整理出来的一系列1～2页的"想法卡片"作为他主要论文的锚点，它们很像是通往完成一篇大论文之路的一系列中途站。

"在你口述完这篇较长的论文并将其打印出来之后，你会做什么呢？"我问他。卡尔称这些打印文件为"第一稿"。他会阅读和编辑这些初稿，包括调整段落、改变词汇、删除不必要的部分等。他的第一稿中大约有 80% 的内容最终会出现在正式论文中。他是那种在脑海中反复构思多轮草稿的人，尽管他的构思方式是通过视觉而非文字来实现的。当卡尔把它落实到纸上的时候，这些内容已经几近于完整和成熟。

而我的另一位朋友彼得，在博士论文写作期间将混乱整理为草稿的方法完全不同。

我不确定我的论文写作程序是否适用于各章节，但我个人觉得应该是很适用的。也许"程序"这个词更多意味着计划和组织思路，而不是完成写作。我的混乱阶段通常要面对各种各样的笔记，包括一些我在各处记下的摘记、在各种书里贴着的便签笔记以及在我脑海中漂浮的各种想法。有时我会列一个粗略的提纲，用来厘清什么时候要介绍什么。有时我会把前几段内容结构化，使之成为我写作时使用的路线图。有时我脑海里有一个关于论文应该如何进展的想法，然后我就坐下写出来。有时我会按照大纲写，但往往大纲会随着我论文的进展而改变。我经常使用我正在分析的引文或段落为我的想法搭建框架。当我在写作时，我也会花很多时间遣词造句。我知道这种"程序"对某些类型的作家来说是一种灾难，但对我来说似乎很有效。

以下是我的写作过程，应该属于非常混乱的方式了。我一般从完全的自由写作开始，每天只写5页，内容可以是任何东西。比如，我的猫脚受伤了，一周的菜单，我的休假计划，我对新闻的感想，对一首诗、一篇文章或一本书的初步想法。这种方法很快就会产生大量的文字，虽然很少会被采用，但它们最终会引导我写出一篇文章。积累文字总能将我带到某个地方，最终发展成适合阅读的作品。问题来了，我怎么在混乱的文字中寻找有用的部分呢？有时这些部分就在那里向我招手，或者我突然意识到刚刚写下的那句话有很大的潜力。我曾经的做法是之后再回来找。现在我会立刻在空白处做标记——比如一个箭头，或直接在旁边空白处记一下——这样可以大大提升使用效率。

每天手写5页的自由写作并不需要很长时间——大约1250个单词，需要1～2个小时；之后的分类和清理，决定哪些可以用、哪些需要保存，则可能需要更长时间。每隔一段时间，我就会阅读过去几天的成果，或过去一周或两周的成果。如果在自由写作日里文思泉涌，我就会继续自由写作，而不是进入分析整理模式。有时我有一种时间压力感（例如，我想在休假前完成一个粗稿），这会使我从自由写作进入整理阶段。或者可能在写作中碰壁了，决定暂时改变任务模式，那我就会看一下我是否能在另一个方面取得进展——重读已经完成的内容，在其中"寻宝"。重读的时候，我会像念咒一样一遍遍提醒自己，"这些内容就是应该杂乱无章"或"但不是每一个字都无用啊"。

有时我会围绕同一个想法或主题循环重写，而不介意这是不是已经写过了。令人惊讶的是，这些重写反而会推动我的思想向前发展。逐渐清晰的写作反映了我思想的发展，写作本来就是思想的呈现。这种反复发展，即使一开始有点模糊，但从其结果来看，有了第一稿的雏形：有开头，有中间，有结尾，并有一定的连贯性。

在博士论文的这个阶段，每个写作者都有适合自己的方法。我在上面给出的例子描述了不同风格的写作方式。这些风格中，有一些可能适合你（也可能都不适合），你可以看看自己的工作风格，尝试你之前经历这个阶段时用的写作方式，看看对你是不是还很有效。

你也可以开始尝试新的方法和风格，当作做实验。假设你已经写了好几页乱七八糟的东西，但不知道下一步该怎么做，也没有什么特别的想法，那么首先可以探索对你来说最合理的整理模式。不要忘了提醒自己，所有这些内容中一定有值得使用的东西。然后尝试你脑海中第一个出现的方案——真正试用一下，让你的恐慌达到顶峰并消退，不要着急，给自己几天时间，这样你就会知道进展上时快时慢也是很正常的现象。提醒自己，这不是你的第一篇文章。甚至可以试试老式剪贴法（不管是在电脑上还是用剪刀和胶带，不管人们是否嘲笑这些笨办法，只要能起作用就好）。

如果不起作用怎么办？首先问自己为什么不

行。有可能你感觉工作量太大，一下尝试了太多的东西，并在这个过程中把自己吓傻了。如果是这样，可以尝试分块法。比如，这样跟自己说："今天我将快速阅读整个混乱的文件，并标记出那些对我来说很有吸引力、可能不太愚蠢的段落。明天我会把它们拎出来，看看它们之间是否有关系。周三我将设置一些类别来对它们进行分类，然后看看是否还有我忽略的内容。周四我将非常积极地尝试拟订一个大纲。"

如果你发现之前的重读方法已经不再适合你了，怎么办？那你就看看本章所描述的各种风格，问问自己这些方法中是否有一种可能适合你。你也可以先试，继续跟踪自己的进展，看看哪些有效、哪些无效、哪些也许有效。如果剪切和粘贴的过程对你来说有点烦闷了，那你也可以尝试下自由写作，写一写问题可能是什么。写下混乱的情况，问自己困难都有哪些，同时仍然不要忘了这些都不一定会出现在最终的博士论文里，自由去写。

如果你发现你遇到的不是写作障碍，而是思维障碍，怎么办？这两者之间有什么区别？如果你能够写作，但发现自己似乎在无休止地绕圈子，或者你的写作量很大，但没有想法，或者你写的琐事和题外话远多于你的博士论文主题，那你就在面临思维上的障碍。有时你可以通过更强硬的态度来帮助自己跨过这种障碍，说："我可以在写作时间的前五分钟写任何其他东西，但随后我必须坚持只写我的主题。"或者考虑与你的导师或其他能够理解你的主题的人进行对话，对你的主题形成一个新的看法。

自我封闭往往会导致停滞不前。或许试着写一写目前你所遇到的瓶颈中最大的焦虑是什么：是担心导师会不喜欢，还是你对所论证的东西没有信心，抑或是材料方面有什么让你觉得忐忑的地方？通常只要写，就有可能把自己从思维障碍中解救出来。最后还有一招：再次阅读手头的材料，当作什么都没有写，看看最快你能从中提炼出什么。如果提炼出来的东西都是你一开始就想到的，那么你的内容就没什么问题，顶多需要重新组织一下。

如果你还没有通过自由写作积累一些松散的文字，那么面对手头已经整理出来的非常有条理的内容，你可能需要问问自己："我有没有遗漏什么重要的东西？我是否完全相信我所写的东西？是否有任何令人纠结的问题？这就是我要讨论的一切吗？我是否压制了我的疑虑或任何矛盾的证据？"这个早期阶段是一个非常好的时机，可以确保你的作品尽可能地包容、尽可能地复杂、尽可能地接近你要揭示和讨论的话题。

撰写第一稿的更多策略

现在你正走在通往完整的第一稿的路上。下面是我列出的确保你达到目的地的具体策略。

- 拿着你写作的所有内容坐下来，深呼吸，把你写的所有东西读几遍，寻找不同的东西。

——仅阅读那些有趣的材料。

——阅读寻找主导性的主题。

- 阅读寻找让你感到有趣或烦恼的问题。

- 阅读寻找文章组织架构的标志词。

- 按顺序阅读同时整理主题，用代码、数字、字母或颜色等做出标记。

- 阅读并提取出临时大纲。

- 阅读并在空白处勾选任何有趣、有拓展潜力或者绝对错误的内容。

- 如果发现一些可以提炼的冗长段落，请尝试用一个简单句子进行总结。这个练习有很多好处：你可以发现段落是否有核心论点，或者观点太多而应该分段讨论；你还可以借机获得一组句子的集合，可能有利于整理文章的大纲。

- 如果你已经对你要在章节中阐述的主题有了一些想法，就拿出你的彩色记号笔，然后浏览你所写的内容，对这些内容进行颜色编码，不同内容标注不同颜色。如果你用电脑写作，那就打印出纸质版，并用不同颜色做标记，按照你所定义的类别重新整理文字，这一步说明你已经在整理大纲的路上了。

这些策略将帮助你把第零稿转化为第一稿。在这一过程中，你也可以摸索出一些属于你的好方法。当你的第一稿渐渐成形，你就会发现，它还不够简洁，文笔也不够优雅，论据肯定也不充分——事实上，它不可能满足所有要求——但它至少会让你拥有一个基本的论文轮廓和一些有趣的理论，即使还不完整或有自相矛盾之处。这些都是可能发展成你的博士论文中心思想的种子。现在你已经准备好如何进一步修改你手中的草稿了。

走向中程：审视你的流程与进度

你已经走到博士论文进程的中程：经过你的努力，你已经写出了博士论文的第一稿，或者是完成了大约一半的章节。支撑你论文的系统已经就位。但是，如何判断你已经到了这个阶段呢？答案是你对写这篇博士论文的意义的认识发生了改变。一开始你最担心的问题是："我怎么可能写出一本书那么厚的一篇论文呢？"那么现在你会问自己这样的问题："我对我所构建的主要论点确信无疑吗？""是什么让我认为我想写一篇博士论文？""如何安排我的生活和工作，以便让这个项目维持并最终完成？"

对你的博士论文进行评估

现在是审查和评估你的写作进展和发展方向。通过摸索，你得清楚哪些方法是有效的、哪些是无效的。这是一个审视写作节奏的好时机，而且要认真思考交稿截止日期。

在你的博士论文项目和你的生活中，重新考虑如何有效地控制混乱，以及如何放松和调整自己，为即将到来的激动人心又充满挑战的工作做好准备，同样非常重要。

这个阶段你已经对论文工作量有所预估，因此你可以判断出到目前为止你一直在使用的各种计划和资料整理法是否仍然对你有效。你可能感到有一大部分的材料和文字正与你分道扬镳，因此你需要重新考虑如何理解这部分材料。你也可能意识到，不仅要确定完成博士论文的截止日期，还要确定写作过程中一些章节的完成期限。

有些人会下决心更加集中地投入写作，比之前下更多功夫，以保证按期完成。如果你因为没法按计划快速推进而惊慌失措，担心自己陷入拖延的坏习惯里，那么你可能需要制订一个新的写作计划。但也有人会发现，自己无须如此拼命。以目前的进度继续下去，你可能还没拿到学位就已经筋疲力尽了。你可能会打消一些关于写作者的浪漫幻想（意识到你的生活原来与电影里的那些艺术家完全不同），发现有必要更好地照顾自己，否则可能无法坚持到毕业。当我听到朋友们谈论在麦克道尔殖民地这样的作家疗养院写作时，我最羡慕的不是他们有一整天的时间来做他们的项目——那在我看来是非常孤独的——而是每天有人用篮子把麦片送到他们的小屋里。在现实世界中，可没有人给你送午餐，而你要确保自己好好吃饭。

很快你就会开始体验到另一种前进的动力，但还不是现在。博士论文写作的中程是评估你目前进展的时候，也是为未来制订、修订计划的时候。下面有两个清单和相应的讨论，都是为了帮助你稍作修正以便重新开始写作之旅。然后我会与大家聊聊截止日期、奖励和自我恢复的问题。你可以在清单中根据自己的情况做补充，然后在博士论文写作过程中定期使用清单来查看自己的进展，保持对生活和写作的掌控。花时间审视你的写作过程和进展，将帮你事半功倍完成写作。

你的写作过程

以下是一些值得思考的实用问题。

- 你对写作过程感觉如何？

- 写作过程能满足你的需要吗？

- 你是否保持日常写作，而且写得相当轻松？

- 你是否能够清醒地专注于你的写作？

- 你所选择的写作场所对你来说舒适吗？

- 你安排的阅读任务是否充足？

- 你是否有效地向他人求助？

- 你和你的导师相处得如何？

- 你是否让太多的杂事妨碍了你的写作？

- 你是否有足够的自我管理能力，使你能够完成你的计划，而不是烦恼于心理或文字上的障碍？

- 你所设定的写作流程是否高效？

不会有人喜欢让自己持续在一个痛苦和尴尬的过程中，或者选择一个让人倍感挫败的工作方式。如果你每周只能在深夜写一两次，或者在周末写一上午，如果你没有任何专属的地方（即使是一个扫帚柜）可以用来写作，如果你的日程安排使你总是需要向他人（无论是你的伴侣、孩子还是你的老板）解释你花在写作上的时间是合理的，或者你不得不在孩子或其他家里人睡觉的时候抽空写作，你也有可能写出一篇博士论文，但我确定，即使你成功了，这也将是一个悲惨的经历。我认识一些处于极端情况下的人，当时他们确实没有更好的选择，但对于大多数人来说，有的是选择的余地。

如果你查看自己的写作过程时发现也存在上述噩梦般的情况，那么你可能需要问问自己：为什么你要把自己置于这么失败的境地？或者，如果你的情况是由于提前没有好好考虑造成的，那么可以现在就开始思考并做出一些改变。比如，找一个适合你的地方写作（如果家里不行，就去图书馆，或者去白天没人的朋友家）。调整出更多的工作时间，这意味着你可能要考虑请假或雇保姆。鉴于你为了这个学位已经付出了那么多，那么花些成本让博士论文的写作过程更顺利无可厚非——特别是如果这些成本最终会帮你完成博士论文。记住，你有权把你的博士论文放在第一位（不是天荒地老，只是在一段时间内）。这件事你不需要征询任何人的同意。

关于你和你的导师。现在是时候让双方一起来讨论你的论文和你们的合作了，也许有必要调整一些合作事宜（比如，你们面谈的频率、你如何获得导师的反馈等），或者看看双方是否对于目前的安排有什么问题需要解决。

关于专注以及享受写作的一些想法。有些时候你会写得昏昏欲睡，写博士论文并非每一刻都很有趣。但如果你每天坐下来都感到昏昏欲睡，而且从来就没感到过乐趣，那么你真的要问问自己这是为什么了。如果你不能回答这个问题，请向周围的朋友或你的导师或专业人士寻求帮助。偶尔也有人甚至跟自己说别继续攻读这个博士学位了。说起原因，也许读博士不是他/她的初衷，或者兴趣已经改变。但大多数时候，你找到的原因并不那么令人震惊，而是你因为熬夜忽视了自己的休息，或者你在写博士论文的时候高估了自己的精力，承担了太多的任务。或者你太乐于助人，甚至利他到了自虐的地步，以至于让其他人过多分散了你的精力。

他人的干扰。我们中的许多人在生活中都会遇

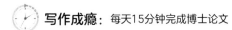

到一个（或两到三个）"烦人精"，我们幻想着要摆脱他们，但通常是不可能的，因为我们与他们有密切的关系，或爱他们，或摆脱他们会让自己感到很内疚。如果在你的生活中也有那么一个人总让你心烦意乱，每次打完交道都让你接下来的几个小时或几天无法思考自己的事情，那么现在是时候给这个人放个假了。你甚至可以这样明确地告诉他："在接下来的几个星期里，我要'闭关'忙我的博士论文了，其间不要给我打电话，等我忙完我会主动给你打电话，但目前我需要离群索居一阵子。"

不过我不建议你真的离群索居、脱离社会。我的建议是你可以有选择地脱离：要么不带手机进入写作办公室，要么写作期间不接电话。（如果你没有答录机或者未接留言，现在可以考虑一下，这样你就不会永久地切断自己与其他人的联系，只是把谈话推迟到不影响你工作的时候进行。）

有人指出，作为一个有孩子的职场人，你只能做好以下三件事中的两件：工作、为人父母和社交生活。不论你是否有孩子，如果你要完成学位，就会发现，你必须无情决定：你为谁腾出时间以及何时腾出时间。检验值得你留住的伴侣的标准之一，是他/她能理解你的博士论文是你的首要任务——不是永远如此，而是现在这段时间需要一些配合。这是一个努力减少生活中痛苦的好时机，尤其是那些相处一段时间后让你感到精疲力竭或心烦意乱的熟人所带来的痛苦。学会如何停止被他人消耗，这对于你的博士论文撰写，以及你的人生而言，都是宝贵的经验。

如果你不是一个人住，可以尝试与你的伴侣、孩子、室友一起回顾一下你们共同生活的状况，并解决其中的一些困难。他们可能对你在餐桌上堆积的文件感到不满。你可能也意识到了，你不能与他们一起聚会休闲到很晚，因为第二天早上你还要从床上爬起来写作。你照顾孩子的时间可能不够……不要只是忍受，要主动着手解决问题。

虽然其他人往往是你工作的强干扰者，但你周围的混乱，不管是什么样的混乱，导致你不能从理论和细节上管理好你的写作，也会成为你完成博士论文的障碍。我们每个人对杂乱和缺乏整洁的家居环境的容忍程度是不同的——我的容忍程度不是特别高。

你要问自己的重要问题是你所处的环境是否让自己无法安心工作？你是否总是需要花很多时间去找文件？你的生活是否是那种灾难性的，会令你夜不能寐以至于第二天疲惫不堪、无法工作？你是否无法确定已经写好了某一章节？你是否拖延了重要节点的截止日期，如提交获得学位所需的文件？为了在这个复杂的过程中不给自己使绊子，即使是精神上的自由主义者也必须使自己更有条理（至少要在论文写作期间如此）。

在混乱中处理 50 页文字或两个文档是一回事，而处理 5 倍甚至 10 倍于此的材料又是另一回事。整理你的写作系统，包括备份文件，以易于检索的方式保存文件，保持办公桌的整洁，以及保持你周边的环境足够干净，这样你就不会为蟑螂或口腔溃疡烦恼了。如果你不能做这些事情，请你最有强迫症的朋友帮助你——把你的文件整理好，把电话关掉，或者仔细列出你已经写了什么、还有什么要写。如果所有方法都失败了，请一位治疗师帮助你弄清楚为什么你让自我产生的混乱妨碍自己去取得生活中的成功。

花一些时间看看你的工作过程。你在博士论文上花了多少时间、何时写作、你到底是如何写作的。（你是否每次坐下来都想写出最后一稿？是否有成效？）感觉一下，这个过程是否高效。特别要检查一下你的阅读量。在我辅导的学生中，常见的问题是读得太多而不是读得太少。他们把阅读作为一种分散注意力的方式，或者作为一种避免自己独立思考的方式，或者作为一种迷思："如果我读了这个领域的所有东西，那么我就能写出东西来，并保证我没有错过任何东西。"放轻松。你必然会错过一些东西，但这不太可能有什么不得了的影响。阅读关于你的主题的每一篇文章，以及相关的文章，可能让你觉得非常严谨和感觉良好，但这并不能帮助你完成博士论文。咬紧牙关，回到你的写作和思考上来。

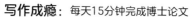

如果你在写作过程中碰到某些部分感到很难受或很差，那么请认真审视它们，并再问自己一些问题：为什么写这一部分这么难？我组织这个论点的方式是否有不妥之处？如果在修改时，我尝试用 X 代替 Y，会发生什么？如果你无法回答，再次请人来帮助你。你的导师和同学都是很好的建议来源。不要害怕新的尝试，你可能惊讶地发现，找到的替代策略可以改变你对博士论文的处理角度，让你完成更多的工作，并从中获得更多的乐趣。

你的写作进展

以下是一些你可以用来对自己的博士论文写作进度和时间安排进行提问的有用问题。

- 你在向前推进吗？你是否觉得有时好像在绕圈子？你知道是什么时候吗？为什么？

- 你的写作是在加速，还是在减速？如果是稳定的，你感觉这个节奏适当吗？

- 什么令你加速？什么会使你减速？

- 目前的写作节奏是你可以长期保持的吗？

- 以目前的节奏，你能按时完成论文吗？

- 你删除的内容和新写的内容一样多吗？如果是这样，为什么？

- 你是否知道在一定时间内大致能写多少？

- 你有没有考虑过，并与你的导师讨论，你的博士论文应该有多大规模，最小到什么程度仍然可以被接受，以及你还有多长时间？换句话说，你对这个过程进行校准了吗？

- 你有没有制订一个暂定的时间表？

这些问题大多在本章关于截止日期的讨论中能得到探讨，但有几个问题我想先谈一谈。几年前，我有一个学生，她不停地写作，写作过程中给我发每一份草稿。问题是这些草稿几乎是一样的。她是计算机辅助论文的受害者。有时当她真的没有任何新想法时，她会把一章的文件放到文档里，然后调整一下段落，把它们上下换个位置，剪切、粘贴。虽然她最终完成了博士论文，并写出了一篇好论文，但她用了一个非常低效的方法，而且做了太多的工

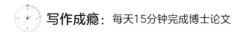

作，包括她论文里比较出色的地方也有点事倍功半的意思。（她还为我提供了足够在未来几年使用的废纸。）

关于这个问题，我将其命名是"佩涅洛佩综合症"。佩涅洛佩，你可能还记得，在奥德修斯不在的日子里，她白天织布，晚上拆开，来挡住那些骚扰她的求婚者们[①]。一些博士论文的写作者就像佩涅洛佩一样，他们写了几个像样的段落，然后一天后或一个星期后，因为各种各样的原因，判断自己写的东西没有任何价值，然后就删掉了。他们一次又一次地这样做，因此，随着时间的推移，已完成的页面没有一点变化。如果你这样做，你可能过于追求完美，或者你对如何写作有比较扭曲的执念，或者在更深的层次上，你对自己是否能拿到学位感到特别不确定。如果你认识到自己是佩涅洛佩类型的人，那么试着强迫自己向前走。即使你认为你写的东西是垃圾，也不要擦掉或扔掉任何东西。而是请别人帮你看一下，并提出一些修改建议。如果你不能停

[①] 《奥德赛》中的故事。——编者注

止反复删改的习惯，那么可以考虑去一趟学校的咨询中心。

博士论文的篇幅应该有多长？这个问题很容易回答：那就是你的博士论文委员会所能接受的最少字数。你可能想写出博士论文的最后一句话，但要告诉自己，完成博士论文只是实现这一目标的第一步，如果没能把所有的东西都写进博士论文，那么在你获得学位和学术地位之后，还可以写其他的论文和著作。在我辅导的学生中，遇到的常见问题是为博士论文确定了一个太宏观的主题或研究问题。如果你最终缩减了论文篇幅，不要觉得你在作弊或偷懒。相反，要把它看作认真思考和有所选择的结果。

关于截止日期

最近我向一位正在攻读博士学位的朋友提出建议，在他的履历中，在描述他的博士论文的部分，增加一行："预计完成日期……"然后填写上他对该

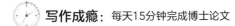

日期的最佳预测。截止日期会激发大多数研究生的内心恐惧，是有原因的。

"截止日期"（deadline）这个词本身就能让人感到胆寒，我在查阅它的起源前也要做些心理建设。《牛津英语词典》中给出了两个定义，即使其中比较温和的一个定义也很说明问题。第一个定义来自"钓鱼术语"："一条不会移动或变动的线。"可见平时我们对截止日期的变动可能性真是充满了幻想！第二个定义要糟糕得多："围绕军事监狱划定的界限，越过的囚犯就有可能被击毙。"这符合我们大多数人对这个词的感受："遵守它，否则你就死定了。"

现实生活中这个词也会引发负面的联想，心理阴影从我们小时候就开始了："快点穿上鞋，否则你上学要迟到了。"无论是孩子还是成年人都不喜欢别人控制自己生活的感觉。

当面对成人的截止日期时，我们中的有些人会突然感到焦虑，仿佛自己缩小成了一个小孩，带着孩子般的无力感，坚信自己不可能达到那些标准。

一些人会因此变得固执、固步自封、拒绝让步，就像我们在三四岁或五六岁时那样。还有一些人会变得低落，甚至在还没尝试就想放弃，不相信自己能按时完成。

截止日期是毕业论文写作过程中必不可少的一部分，有时也是非常可怕的一部分，因此我为研究生提供咨询的大部分工作是关于截止日期的。我经常看到一些人在遵守截止日期方面遇到了很大的困难，他们非常害怕，既不能面对截止日期，也很难遵守。还有一些人当他们来找我时，已经因为恐惧而错过了一个或多个重要的完成日期。怎样才能学会利用截止日期来增强自己的能力，并对博士论文过程进行控制，而不是把自己吓得瘫痪？答案是自己主动建立工作完成期限。这是一个在写作过程中夺回时间掌控权的方式。要做到这一点，你需要仔细考虑外部的截止日期（由你的导师、学院或大学设定的期限）和内部或个人的截止日期（你为自己设定的期限）之间可能存在的差异。

外部机构设定的截止日期似乎与你的需求或你

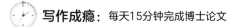

的工作方式无关，你可能觉得别人只是在命令你该怎么做。这种错误的想法可能让你重蹈覆辙，继续挣扎在截止日期这一问题上。实际上你不必这样。遵循 B.F. 斯金纳的明智建议：不要为自己设定无法实现的目标，因为这样会逐渐摧毁（斯金纳原文说的是"扑灭"）你原本想鼓起劲头做的事情。眼前的情况下，就是在写作这件事上，你让自己一次又一次摔跟头，这不是正确鼓励自己的方式。不管你有什么样的截止日期，学会为自己设定截止日期可以永久地改变你的工作方式，这种改变是你经过深思熟虑和用明智的方式做出的。

特别是在一开始，你为自己设定的截止日期要非常宽松。如果你认为完成下一章需要两个星期，那就给自己三个星期的时间。如果你提前完成，你会感觉特别好。最重要的是你要完成这一章，让自己有理由感到高兴，而不是失望。

先尝试不同种类的截止日期，试着想一想你过去实现目标的时间，以及这些项目的情况如何。设定目标的人是站在你的角度思考的吗？这些项目是合作完成的吗？工作是你所热衷的吗？这些目标是伟大又现实的吗？

有的人给自己制定的截止日期是惩罚性的，就像外部截止日期给我们的感觉，有时甚至更严格（为了证明我们真的很认真，希望迫使自己做更多的工作，或者被内心的恶魔驱使，重演悲惨的历史）。这种做法是没有必要的。我们给自己设置的截止日期应该是奖励性的，而不是惩罚性的。不要把期限设成你必须以超人的方式才能完成的那种，也许你可以在几天内不停地工作，但没有人可以长期保持这种努力。开始时你应该设定非常容易完成的目标。而每达到一个目标都会增强你的能力，这样你才能给一下关卡加码。这是将"我认为我可以"变成"我知道我可以"的方法。为自己设定工作条件时要仁慈些。

关于"分块策略"。也许所有的截止日期中最让人恐惧的就是毕业论文的截止日期——"从昨天算起，你的博士论文必须在一年后提交"。面对这种期限，很少有人能够想象如何按照期限完成论文。你需要做的是把这个单一的截止日期分解成一系列小的期限，每一个期限你都可以想象到。对于博士论文来说，这些小的目标和时间框架可以用一定的页数、章节或章节的部分来表示。你的基本任务是将单个项目分成足够小的部分，以便一个接一个地去完成，使你不再感到害怕。你可以跟自己说："好的，我可以完成。"

如果你错过了截止日期怎么办？遵循从马背上摔下来怎么办的规则：立刻重新上马。制定一个新的、容易的、更现实的截止日期，然后重新开始工作。不要浪费时间为失去的机会而遗憾，要创造新的机会。

短时间的冲刺是好的，有时是非常有益的，但你不可能在整个马拉松比赛里全程冲刺。

博士论文就是一场马拉松比赛。考虑使用临近时间作为节点——"在孩子们放学前""在圣诞假期前""在本周五前"——然后坚定地奔向它们。当你达到目标时，一定要奖励自己。

要在意你是谁，而不是你可能想成为的人。现在你已经有足够的生活经验，知道自己能承受多少压力：多少工作量有助于你的写作，多少工作量是太多了，多少工作量会把你吓傻，或者完成多少工作量会让你筋疲力尽。你需要建立适合你和对你有用的工作策略。

有些人对任何被控制的感觉都很反感，甚至是被自己控制。他们甚至反抗自己制定的截止日期。如果你属于这个类型，那你可能面临一个大问题——可能无法完成你的学位。如果你的情况真的很糟糕，一定要寻求专业性的帮助。如果是间歇性的，请认真思考，听从你的感受，然后问问自己："这到底是谁的博士论文？"及时觉察到这种死灰复燃的固执和拖延，别忘了你是设定这些目标的人，而且你这样做是有原因的。

也许我的朋友必须在他的简历上写上完成学位的预计日期，这并不是一件坏事。截止日期虽然可怕，但也是一个机会，提醒你才是博士论文的责任人，是当初决定读这个学位的人。更重要的是，最后期限可以帮助你拿回写作和时间的控制权。

休息与放松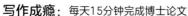

在撰写论文的漫长时间里，没有人能完全做到自我克制。你需要考虑不同类型的休息和奖励。其中第一个是获得持续的支持，包括家务协助（雇佣、交换或家人出于爱而给予你的），具体包括做饭、清洁、照顾孩子和洗衣服。还有技术支持——电脑、研究、编辑和秘书服务，这是必不可少的。你和你的项目都值得得到帮助，只要你能够安排，应当获得这样的帮助。经济条件允许的话，可以考虑购买有偿服务。夸张一点说，你完全可以使用"长发公主策略"（就像她用长发做工具一样），换来你所需的帮助。你可以选择跟可能理解这些需求的同学或学者生活在一个社区，这样应该更容易获得帮助。就像你可能决定一台电脑是对你未来职业的必要投资一样，你（特别是你有孩子的话）需要决定在哪些方面花钱解决问题和节省宝贵的时间，比如，高品质餐厅的外卖、偶尔的清洁帮助或电脑技术支持（付费让人帮你整理脚注或安装新软件）。你为论文项目付出的金钱以及对你的重要投资可以使你更平静、压力更小，更快地完成任务。如果你更早完成，你会更早获得收入，这道理显而易见，不需赘述了。

无论是对截止日期，还是对努力工作而言，奖励都很重要。你可能不喜欢 M&M 巧克力豆，但可能有其他你喜欢的东西，无论是食物，还是电影，或者去水族馆参观，抑或晚上约朋友出来玩。确保你在实现重要的（甚至不那么重要的）目标时，可以通过犒赏自己来纪念和庆祝。这样做将使你更有可能实现你的下一个目标。

在你的工作周中设置一些可以放松的时间，消除因久坐和长时间专注而产生的紧绷感。

可以散步或跑步，也可以去健身房锻炼或游泳，或做一次按摩，还可以做做瑜伽或冥想，甚至可以去花园里工作。每周最好能与好朋友约个晚餐。确保你手头有一本可读的书，或有一张想听的唱片，想休息时可以信手拈来。为了照亮我的工作环境，我在书桌旁边安了一连串的灯泡。每年当我的无花果树从冬眠中醒来时，我都把它放在书房的南窗

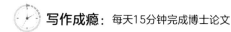

前，在那里我可以看着一片又一片的叶子在阳光里展开，很能激发我的写作。

买点你最喜欢的茶叶放进橱柜里，买些冷冻大虾塞进冰箱，给你的晚餐加个菜。不要吝惜好的食物，你花在这上面的钱会以能量、健康和良好的精神状态来回报你。（你知道油腻的食物会让人犯困吗？不要长期吃垃圾食品。如果做饭是你的乐趣之一，可以在周末提前烹制好下周的食物。）虽然晚餐时喝杯酒可能给你带来愉悦和舒缓，但过量饮酒或滥用药物会损害你的睡眠和健康，而且绝对不会提高你的智力（那种"才子酗酒"的神话不过是误导而已）。你可以规定每周二晚上让自己放纵一下，吃点外卖食品、看看电影（点些比萨，而且大多数的大学图书馆可以借碟片），每周散步几次，或看一场音乐会（大多数大学有免费或非常便宜的音乐会，票价对于学生很友好）。这些款待自己的方式都无可厚非。

与我一起工作过的许多博士论文写作者经常被健康问题干扰。对一些人来说，是因为运气不好或者家里有小孩子，就很容易被传染（小孩是众所周知的传染源）。

对其他人来说，我敢肯定，如果他们足够"自私"（这是他们的说法，不是我的说法），通过充足的睡眠、良好的饮食、锻炼和设法获得足够的帮助来照顾自己，他们的健康状况会好很多。持续的压力对心灵和免疫系统都没有好处。因此，如果不可避免要承受压力，可以将其看作是一种在特别时期的"任性"，但要发誓一定要加倍照顾好自己。这是对你迅速且良好地完成学位的一种投资。

当你按照我的建议完成了博士论文的中间阶段时，作为一个写作者，你会变得更聪明、更有经验。如果也感到了疲惫，可以多找一些好方法来恢复战斗力。而且你会更坚定、更清晰地认识到：你负责博士论文的进度和质量，无论好坏，它都属于你。

6

来自外界
和内心的
干扰

本章会讨论很多干扰源，包括内心的和外界的，它们有可能打断你的写作。影响可大可小，但往往一时让人感到无法控制。外界干扰源包括紧急情况、他人的干扰和不可抗力。我们将讨论如何在一些情况下重新控制局面，同时也要接受有些情况是你无法控制的。然后，我们将继续讨论内心干扰，包括矛盾心理、静电噪声和写作恐慌，无论出于何种原因，这些情况都会妨碍你的工作。

来自外界的干扰

有一篇有用又有趣的文章，名为《仍然只是写作》，作家安妮·泰勒（Anne Tyler）在其中描述了她的写作受到孩子、宠物和亲戚的各种干扰。也就是说，除了写作，她还有其他生活。事实证明，即使你接受了我在本书前面提供的建议，同样的情况也会发生在我们所有人身上：在你写博士论文的一些关键时期，很有可能被外界的人和事情打断。

这些事情小到琐碎的日常（比如，感冒让你的

大脑和鼻子都堵了几天），大到灾难性的突发状况
（你生了一场重病，或者身边的人去世）。还有介于
这两个极端之间的各种可以想象得到的事件。例如，
硬盘故障。在此，我必须在提其他建议之前提这个
建议：打印并保留你每个论文版本的纸质版。如果
想避免纸张浪费，可以在之后把这些纸质版作为草
稿纸使用。除了计算机方面的问题，论文作者还可能
遭遇反复的鼻窦炎（头痛欲裂的时候真的很难写作）、
有暴力倾向的配偶，以及出问题的住房或汽车。当
然，研究生阶段有一定的经济压力，也会增加生活
危机，比如，旧车不让人省心、房东恶意满满等。

　　我的一些合作者在写博士论文的时候，遇到过
严重的疾病，或者他们身边的人生病了，或者他们
身边的人去世了（这些特殊事件通常需要大量的精
力和时间来恢复，第一时间不抓紧解决，后续会占
用更多的时间）。我认识一些人，他们在写博士论文
的过程中不得不换工作。还有一些女生，她们不仅
要忙着写论文，还要忙着怀孕和生产。（我曾经告诉
一个怀着八个半月二胎的研究生：怀孕不是她完不

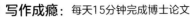

成论文的借口。她最终完成了，但我也在她的同学中出名了！）

当然有选择的话，在你写博士论文的时候，你的外部生活尽量不要有改变。

如果不是被驱赶，就不要搬家，也不要搞装修，也不要领养小狗。

我辅导过的一些学生，导师在他们写博士论文的关键一年里外出旅游（解决办法可见第二章中我对这个问题的建议），也有一些学生的导师得了重病或去世。所有这些都是说，在写博士论文所需的相当长的时间里，生活在继续，各种事情都可能发生。其中一些可能是你完全无法控制的可怕的事情。面对这一事实，你会怎么做？

如果你没有一些抗压能力和控制自己生活的能力，就不可能在研究生生涯中走到今天。但矛盾的是，一些重大事件所需要的是控制的反面——承认你的无助，放下你能对发生的事情产生影响的幻想。试图控制无法控制的事情是一种可怕的、痛苦的经历，也是对时间和精力的浪费。同样，沉溺于内疚（"如果我多加注意，约翰就不会生病"）或羞愧（"我应该能对此做些什么"），实际上会消耗你处理可怕事件所需的能量。可能你还要克服生活给你带来如此讨厌的打击时你所产生的愤怒。你很难不对这种打击耿耿于怀，特别是如果这是你生命中唯一一次决定全身心投入到自己项目中的时候。

对于你无法控制的事件，这里有一些你可以做的事情。

——制订一个处理现实问题的计划，分清你能做什么和不能做什么的情况。

——问问自己："这是一个关系到职业生死的问题吗？这是否意味着我将永远无法完成我的博士论文，或者只是意味着我将比我希望完成的时间要晚一些完成？"

——想想什么是"天意"：这是一个有用的方法，可以提醒自己，有些事情就是发生了。有些事情的起因——随你怎么说——是你完全无法控制的。

——努力了解和探索你生活中的优先事项，并让它们井然有序。在某些情况下，有些事情甚至比完成一篇博士论文更重要。

——要知道，尽管这个世界上有少数人能够在灾难性的时刻通过写作或工作找到慰藉，但他们不属于大多数人的范围。

——了解什么是灵活的、什么是不灵活的，什么是你能改变的、什么是你不能改变的，不要在你不能改变的事情上浪费精力。

——认识你所在部门和大学的权威人士并与之交谈沟通。他们也有自己的生活，而且大多数人会给你一些灵活又得体的解决问题的建议。

——尽量不要在混乱中增加恐慌情绪。

——给自己留出余地，并寻求帮助。获得很多帮助，无论是完成博士论文的编辑工作（如果你处于这个阶段的话），还是调整论文的格式，抑或是维持家庭运转和照顾孩子。如果你无力承受了，请寻求帮助——如果你的身体显示出压力过大的迹象，或者你有持续的失眠，或感到抑郁，或可怕的兴奋，或感知失调，一定要与你的朋友交谈，与你的医生交谈，与治疗师交谈，不要试图独自度过这个危险时期。

——不要把时间浪费在执念上，总是想"如果……就好了"。

我们需要区分哪些属于天意的中断——你没有办法阻止它们，而且不能对它们做什么——以及哪些在某种程度上是自己行为导致的中断。例如，我曾因为一次凶险的流产，几乎错过了博士资格考试，虽然理论上是自己行为的结果，但也属于天意不可违。但是其他一些情况就不一样了，比如，我无意识中设置了许多"路障"——在错误的地方工作，允许自己被朋友分散注意力，没有足够的睡眠，以及没有花时间去理解我对获得博士学位的深刻而持续的矛盾心理。

有些人就在外界和内心干扰的边界上经常如此，而且浑然不觉。有时可怕的事情发生在他们身上完全不是他们的错，但有时是他们把混乱带到自己的生活中。他们可能过度参与学生和家人的活动，或者过度照顾别人，好像他们是美国社会工作者多萝西·戴（Dorothy Day）或特蕾莎修女（Mother Theresa）（这本身是很好的品质，但在写博士论文

的时候不太合适）。这些做法都很不科学，都会令我们从写作中分心。

在写博士论文时需要培养无情的态度（这不等于不负责任或残忍）。如果你打算完成你的学位，你必须专注于你的工作，有时甚至排除世界上的其他事情（这对女性来说往往更难做到）。对于这类干扰，你可以这么劝说自己：当你完成了博士论文，你的名字带上"博士"后缀，你将获得更多的可信度，这将使你更好地帮助那些需要你的人。

在这一类不完全是天灾人祸的事情中还有什么？那就是把你的时间白白浪费掉。不要让自己轻易染上流感或让电脑经常出故障。当你想安排假期或社交活动时，假装生活是平常的。今年不是当家长会主席的时候，不是在你家举行家庭节日聚会的时候，也不是应聘狗狗训练俱乐部秘书的时候。现在是对任何非绝对必要的义务说"不"的时候，也是对任何会占用你时间的人说"不"的时候。如果你容易承担这样的义务，提醒自己，你将在一生中有很多机会，所以暂且在写博士论文的一年中原谅自己。

让那些关心你的人参与进来，让他们也关心你的论文这件事，支持你暂时无情一些。例如，如果你已经承担教学任务，那么请你的院长不要让你承担任何额外的委员会任务；请你的父母允许你的公寓很乱（如果不好实现，就想象他们允许），或者让他们允许你的院子很杂乱（如果不允许，就请他们来修剪草坪）。请你的朋友提醒你，当有人要求占用你的时间时，你可以立即拒绝；如果你本能地想回答"是"，那也要学会说："我必须考虑一下，然后给你答复。"然后真的考虑一下，认真考虑，再想想你有多想、多需要完成你的博士论文。答应别人占你时间唯一的理由是，有一个压倒性的理由允许你这样做。同意他人占用你时间的请求，唯一的理由是有一个无法抗拒的原因。不要利用他人的需求来解决你面对写论文时的犹豫不决。

注意你的潜意识，虽然这听起来有些问题。主要是要学会识别你是不是有了拖延的迹象，或是觉得自己不够格完成学位。

如果你的博士论文被一些重大的外部事件打断

了，那么可以阅读前面提到的安妮·泰勒的文章，它将给你带来欢笑和安慰，也会提醒你，生活和写作都在继续。

来自内心的干扰

在这一节中，我将描述我们经常对自己玩的三种心理把戏，这三种心理把戏同样会打断博士论文的进展。第一种是矛盾心理，第二种是静电噪声，第三种是焦虑——我称之为"写作恐惧"。

矛盾心理

有一部分自己是真的想完成论文，而另一部分自己可能不想，而且不想的那部分很可能是在潜意识中左右你的想法。（比如，不想的那部分会和你说："在没有别人逼我的时候，不正是修复我的智齿/阑尾/疝气的最佳时机吗？""反正我在家里，我可以照顾一只小狗。"）因为写博士论文往往是非常孤独的，而想要社交部分的你，就是渴望被喜欢和需要陪伴的那部分，会不断地试图拉你出去寻求陪伴，或者把陪伴的人拉进来。

这种矛盾心理总能唤起我对游乐场的印象：一个跷跷板上有两个体重和力量差不多的孩子，他们试图让跷跷板保持水平。这两个孩子只是坐在那里，什么也没有发生，但凭空制造出很多紧张感。矛盾心理很像一个复杂的内心游乐场，你在里面玩着"想要写论文"或"不想写论文"的游戏。"你是什么意思？"你可能问，"我不想写论文？你看我一直在努力，为了这个项目，我做了多少牺牲！"

说出这句话并不代表你内心就没有矛盾。你绝对有可能非常想写你的博士论文，也非常不想写——如果这两种力量刚好相等，你最终会像在跷跷板上，虽然心里很纠结，行动上却迟迟未动。要克服这个问题，一种办法是先明确意识到它，然后鼓起勇气前进；另一种方法是在努力的同时，给自己更大的动力。具体来说，你可以找朋友作你的助威团，或者请导师经常设定任务截止日期，或者清晰地列出那些成功获得学位后可能带给你的欣喜回

报。我们大多数人对于生活中的重要事件心理都很矛盾：恋爱、结婚、生孩子，或在职业上取得博士学位这种重大飞跃。你不能通过否认它们来驱逐复杂的感觉，或试图否认它们的存在，但如果你注意到它们，它们可能会让你前进。小威廉·G.佩里（William G. Perry Jr.）写过一篇文章《分享成长的代价》，他在文章中谈道，任何改变都会涉及很多损失和悲伤，即使是向好的方向发展。学会认识、感受、嘲笑你的矛盾，然后继续你的工作。

静电噪声

静电噪声是我对那些在你写作时经过你头脑的无关的想法、感觉和其他干扰的称呼，是一些与你所写的东西似乎没有什么关系的念头碎片。当你阅读小说时，书中的人物往往头脑简单（乔伊斯的《尤利西斯》是一个例外）。小说中的人物没有严格符合逻辑，因为他们的思想似乎总是连贯统一的，这样你才能或多或少跟着他们走，看小说注定是这样。然而，真实的思考要复杂得多，也混乱得多。你可能在考虑一个抽象想法的同时，又想起你来图书馆之前忘记做的事情，并感觉到饿了。即使你在写一些非常重要的东西（对你来说），你的思想也可能经常徘徊在许多小道上。

在写作中挣扎的写作者常抱怨容易分心，并指出分心似乎更多来自内部而不是外部。他们倾向于从大是大非的角度谈论这种杂念干扰："我不应该让我的思想像这样游荡"，或者"我必须更好地集中精力，这样我就可以忽略这些干扰"。他们认为杂念是破坏性的、无序的和令人沮丧的，是大脑开始衰退的标志。有一个有趣的实验，你可以用脑海中的静电噪声试试，可能说服你转变观念：不要试图把它从你的脑海中赶走，而是试着写下你脑子里的任何东西。如果你长期这样做，可能惊讶地发现，看似疯狂的想法确实是有用的：在看似混乱的事物中存在着一些主题，这些主题一次又一次地出现。

关于静态噪声的一个常见的主题是未完成的目标，包括真实的和想象的两种。"我需要给年迈的姑妈打电话，现在就得打。""今晚应该由我来做饭，因为这一星期的饭都是我配偶做的。""这房子看起来像个猪圈，我真应该抽出时间来打扫一下。"其中一些想法可能与写作给你的生活带来的一些代价有关：你必须降低对房间整洁的容忍度，少打电话，暂时少做一些家务事。但是，一些静电噪声关乎写作者更深层次的部分：为自己的思想和文字争取时间，认真对待它们，把生活中的主要位置腾出来，给它们，次要部分去响应别人的需要，这在本质上是一种奇妙的自私。我曾在一篇名为《一个人的房间是不够的》的文章中写到这一点。"担心写作或表达的创造性行为会破坏人际关系并非多虑。从内心来说，我们可以强烈感受到事实确实如此。我们担心'自私'会遭到我们所关心的人的敌视。"但是，如果这时你承认这种"自私"，反而会更容易处理这个问题。

因此，产生静电噪声的原因有很多。这种静电噪声可能只是我们思维的方式，也可能代表了写作者的内心冲突，也可能是在怀疑自己是否真的获得了这些成就，或害怕我们会伤害别人时所采用的一种防御性策略。在最坏的情况下，它的出现可能是为了让我们根本什么都不去写。

有两种方法来处理静电噪声，任何一种都有效。你可以都试一试，看看哪种方法最适合你。第一种是佛教方式，它基于冥想，被描述为"训练心灵的小狗不要乱跑"。你可以使用各种集中注意力的技巧，使你的注意力回到主题上。与其说是把噪声从你的头脑中赶走，不如说是把你的思想拉回到手头的主题上。这种方法在许多关于冥想和正念的优秀著作中都能找到。

我想详细描述的是第二种方法，这听起来可能有点矛盾：它鼓励你走向噪声，而不是远离它。试着在你的主要工作旁边单独保留一个便签，并在噪声发生时记下它。或者把它包括在你的主要文本中，在它周围加上括号（或者如果你是手写稿件，那就用不同颜色的墨水来写）。如果你的头脑同时向几个不同的方向发散（比方说你想写作，同时做一个杂货店购物清单，并计划一个婚礼），那就给每一个方向都单独准备一个便签。给噪声一点时间让它表达出来，反而可以避免占用你所有的时间，破坏你全部的注意力。

你可以试试这个"狡猾的"技巧，这是我女儿在她写博士论文那一年最喜欢用的方法之一：把你突发奇想猛然想做的事情（打扫浴室、拉小提琴、付账单、打扫桌子……）列一个流水账，然后向自己保证，只要你完成了当天规定的页数，就可以做任何或所有这些事情。你会惊奇地发现，一旦你完成了当天的写作，清单上的项目看起来就没有那么有吸引力了。有一种特别隐蔽的静电噪声，你可能经历过，我称之为"思考你的论文，而不是用你的论文思考"。这种静态的形式往往是幻想别人对你的主题有什么评价，或者猜测你完成的内容在别人看来是多么有才或愚蠢，或者担心你是否真的选择了正确的主题。这些似乎与你的博士论文有关的元思维往往是重复的、持续的和令人惴惴不安的，它们造成的最终结果是使你与你的写作脱离，并对其不负责任。如果静电噪声在以这种或其他方式反复打断你的思路，你可以先试着写下为什么你无法推动你的博士论文写作。如果你的障碍是持续的和无法自己解决的，还是尝试寻求专业的帮助来处理，你可能正与你的潜意识抗衡，在你能认清状况和处理问题之前，先不要着急投入写作。

写作恐惧

几乎所有的博士论文作者都对自己的论文项目感到过害怕。写博士论文为焦虑提供了一个完美的媒介，既有正当理由，也有神经质的原因。写书是一件大事，无论是心理上还是现实上。严肃的写作可以有很多含义："我有重要的事情要说。""我终于找到了自己的声音。""我有勇气，这很好。""我终于有胆量去追求我真正想要的东西。"

论文作者变得灰心丧气的原因有很多。你身边的朋友或家人可能不理解你在做什么，也不支持你这样做。写一篇博士论文需要很长的时间，尽管有些奇人可以在几个月内就完成一篇博士论文。无论如何，写博士论文都需要极大的希望、强大的毅力和专注的能力，其中一些能力你可能需要在写作过程中逐渐培养。这个过程中，还有不少导师难以相

处或缺乏支持和鼓励。而且在这样庞大的项目中，不良的工作习惯往往会被放大。

论文写作者感到害怕的内在原因有很多。我不打算深入讨论这些原因，因为它们往往非常个性化。要么找到一种方法来帮助自己走出这种困境，要么寻求朋友或老师的帮助，让他们帮助你摆脱困境或帮助你忍受它。如果你的写作障碍真的让你发疯，让你无法完成任何工作，你可以寻求专业性帮助。大学有时会雇专门的人员帮助学生处理写作障碍，他们可能隶属于健康服务部门或学术支持服务部门。你可以询问一下你的学校是否提供这样的服务。如果没有，而你仍然有严重的恐惧，那就到校外寻找帮助。

下面这个故事可能对你有启发。多年前，就在我和一位同事成立一个写作工作坊不久，我们在哈佛大学的每个公告牌上都张贴了一张海报进行宣传，名为"害怕写作"。之前我从未教过这样的课程，突然间我被一波又一波的恐慌抓住了，担心自己是否能胜任。我知道我需要帮助，于是去拜访了一位我咨询过的老师。我告诉他我是多么的焦虑，因为

"我承诺要帮助所有在大学期间被写作障碍困扰的作者"，而且我不知道该怎么做。他给了一个非常简单又让人放心的答案："你并没有承诺那样做。你只承诺帮助他们在害怕的情况下写作。"

如果你是一个害怕写作的人，这个故事的寓意是，你完全可以在害怕的情况下进行写作。你不必先摆脱害怕的感觉，你只需要学习如何在焦虑中工作。事实上，写作可能是世界上治疗写作恐惧症的最好方法。在你开始写作之前，没有必要完全克服对写作的恐惧，甚至在你完成之前，也没有必要完全克服它。尊重你的恐惧（但不要过分），倾听它，调查它，所有这些都是了解自己作为一个写作者的一部分。

你可以问自己是什么让你如此害怕，然后试着写下答案，并注意你所写的内容。你可以假装在给一个学生提供建议，或者假装帮助一个有写作障碍的同学。你可以试着对自己说一些鼓励的话，就像用魔法咒语来赶走写作过程中的困难和阻碍，并在你突破写作瓶颈的时候给自己奖励。你可以给你自己内心的"自我观察者"写一封信。害怕有时是一

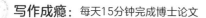

种防御机制，当你对完成某件事情的意义有所担忧时，在心理上就会转变成一种阻止你去实现该目标的症状。但是有一些有效的方法可以帮助你不被恐惧左右，让你能够克服它。

陷入困境时的有趣练习

认真写作的每个人都有可能经历写作困难，当你在泥沼中苦苦挣扎的时候，当你对自己所写的东西感到厌烦的时候，更糟糕的是，当你根本无法写作的时候，这时你该怎么做？你面对的诱惑可能是放弃它去做其他事情——去看电影，去海滩，去度假，或搬去远处。有时采取以下策略会很有用。当你感到厌烦或心灰意冷时，给自己一个周末充分休息一下，你就会感到干涸的动力之源得到了补充。

但有时候，逃避写作恰恰是解决问题的错误方法，甚至可能有害；而有时候，比如当你面临着绝对的截止日期时，除非你想彻底放弃写作项目，否则想躲开写作是不可能的（尽管有时这个想法可能看起来很有吸引力）。不要轻易采取放弃的行动，除非你经过深思熟虑，经过长时间和不同角度的考虑，还与那些真心关心你的理性人士讨论过这个决定。你还能做什么？你可以做与写作有关的事，但不涉及让你陷入困境的事。一般的规则是写作就是写作，如果你不能写博士论文，那么写作就是写作，如果你无法写你的论文，那么就继续写——不管写什么，目的是保持你的写作技能，同时防止自己对写作产生恐惧。当你感觉无法写作时，继续写作是一种策略。

尝试大幅度限制你的写作时间。这是一个适合绝境的严厉策略，但它确实可以发挥作用。对自己说："我只允许我写半个小时（或任何在你看来太短的时间），而且不能超过这个时间。"选择一个时间段，可以只有10分钟，但你必须百分之百确定你可以做到。这种策略的目标并不是永远每天只写这么短的时间，因为如果那样做，你可能永远都无法完成你的博士论文。它的目的是带你回到一个让你感到舒适的状态里，最重要的是，可以继续写下去。

你也可以用其他体裁来写。如果你一直渴望成

为一名诗人，这是一个好机会，你可以尝试俳句，尝试用音节诗的方式写两音节的句子。或者写对话，或者写电子邮件或写信给某个人介绍你的博士论文（这个人既可以是真实的，也可以是虚构的，或是写给你自己），然后记得保存副本。你可以写任何东西，因为写作就是写作。

遵循这个原则："先吃正餐，再吃甜点。"选取一些你真的想做的事情，那种如果不做你会觉得一天不圆满的事情，如洗澡（当然，如果那是早上唤醒你的方式除外）、读报纸、在市区的咖啡馆喝卡布奇诺、在公园里散步……然后告诉自己只有当天完成规定了的内容才能去做那件事情。（记住这里的关键词是"合理"，也就是说，你可以下一些功夫才能完成的数量，但不要把自己累垮。）

根据我与论文作者的经验，很少有情况需要我告诉一位作者，你写得不够多。更多的时候，我以一种矛盾的姿态说："你每天想写的东西太多，而这正是你被'卡住'的部分原因。"遥不可及的目标会扼杀积极性。你需要现实地评估什么是你可达到的写作目标，然后去实现它，而不是去幻想。你成功的每一天都会使你第二天的写作变得更容易。

回顾一下你最近在博士论文中写过的内容，重读几天前的文字，在有趣的或不完整的段落旁边打勾。然后另起一页，从这些被选中的段落中抽出一两行，看看是否可以用它们作跳板，返回你的主题。"正如我两周前所写的，X 提出的关于这个主题的真正有趣的问题可能有好几个不同的答案……"如果你运气好的话，你又回到了写作状态。

再次查看你在卡顿时写下的笔记，你是否已经充分阐述了每一个问题？也就是说，挖掘一些你在早期写作中散落的碎片，以此来提醒自己，至少从前你确实对这一主题有一些有趣的东西要讲。你可以用这个策略给自己提供前进的动力。

重返自由写作的怀抱。试着每天自由写作 5 页，完全是废话也不要紧，但最好是写能激发你强烈感情的东西。内心的抗拒感很少能熬过写 5 页那么久的时间，写着写着你很可能就写进去了。

勇敢面对困难，试着写一写自己被"卡住"的原因。问自己一些问题，寻找线索：你被"卡住"多久了？从什么时候开始？发生了什么？

如果你能找到具体的原因（如"今天是我最好的朋友的忌日，我太沮丧了，写不下去""我的导师对我最后一章的评论让我感到灰心和愤怒""我读了Z教授的那篇论文，开始担心有人会挖走我的想法，所以我感到害怕"），你可能发现自己能够再次开始写作了。对于一些人来说，无法解释的写作障碍是最可怕的。

在《守门人》（The Watcher at the Gates）中，盖尔·戈德温（Gail Godwin）对我们如何阻碍自己提出了一些精彩的想法及有趣的解决方案，其中包括以下建议："以出人意料的速度，在出人意料的场所写作……在非常疲惫的状态下写作。用紫色墨水在万事达信用卡账单的背面写作。"

要坦率地像行为主义者一样，大方地用奖励来激励自己："如果今天就动笔，之后我可以给我在欧洲的朋友打电话，聊上5分钟。""如果今天、明天和后天写了3页，我就可以休息大半天，下午不读书，而是去海滩。"

更为明智的做法是一开始就不要让自己陷入困境。以下是一些很好的预防策略。

（1）培养并呵护你的"写作瘾好"。这种瘾好最有用的功效是如果你不写作，就会产生戒断反应。如果你曾试图戒掉一种严重的瘾好，如吸烟，你就会知道戒断反应所带来的威胁是最有效的阻止戒瘾的因素之一。这里有一个例外情况，与负强化不太奏效的原则相反，你可以利用这个威胁来保持写作的动力："如果今天不写，我会感到非常糟糕。"

（2）始终将车停在"下坡处"。星期一在"下坡处"写作是启动星期二写作的绝妙简单方法，因为你已经完成了开始工作中最困难的部分：你已经决定要写什么了。（如果你在中途改变主意，也很容易，只需写关于你论文的新主题，并确保在星期二结束时停在"下坡处"。）

（3）写作为先。

（4）不要为打翻的牛奶或未写的页面哭泣。戒酒协会的成员互诫"一天一天过"，这很重要。把这句格言改为"一天一天写"，然后按照它来生活。什

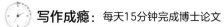

么意思呢？不要把精力浪费在担心下周或昨天的写作上，无论是完成的还是未完成的。如果你想自毁，尽可以让你昨天只写了两行字的事实对今天的写作产生很大影响，而这最有可能的结果是使你今天只写一行字。负强化在大多数情况下都不起作用，除非你真正的目的是让自己感觉很糟糕。如果你因为昨天写得少而强迫自己今天写得多，那么这会导致你要么今天写不出什么，要么写得很多——然后你就会陷入内疚和悔恨的循环，以至于明天不会有任何产出，如此反复。让我们回到最初的假设，即你真的想写博士论文，那么最好的方法就是让某一天的产出完全孤立于其他天的产出。当然，你可以利用一天或一周的成功写作所产生的积极情绪来鼓励自己——事实上，你应该这样做。

（5）记住其中最好的奖励：你手中的文字。除了那些可能对自己所写的一切感到不满意的神经质的人，对于鼓足勇气写作的人来说，最大的奖励就是写作，感觉自己的写作再次回到正轨，并且体会手中拿着已完成文稿的愉悦感。

你、你的读者，以及博士论文互助小组

为自己和别人写作

我遇到的那些正在写论文的研究生，大多数人之所以写论文，是因为有最好的理由，特别是这些年学术就业市场不景气，他们希望投入时间去思考、研究、书写一个他们感兴趣的题目。天可怜见，在努力完成博士论文的过程中，外界的回报少之又少（顽固不化的受虐狂除外）：工作时间永无止境，报酬尚不知为何物，外界的认可也极其罕见。我们中有许多人成功走过了这一过程，都是为一种强烈的求知欲和研究需求所驱使，渴望将研究结果写下来。我们在寻找真理的过程中整理文字，而这一过程本身就是对我们花费时间和精力写出博士论文的回报。如此，我们是为自己而写作。

我们还会以另一种方式为自己写作：在撰写博士论文的早期阶段，你的主要读者通常是你自己。也就是说，你写论文是为了向自己解释你的主题，并让自己厘清思路。只有在你完成了这一步骤，如果你够幸运，你才需要担心如何向你的论文导师、论文指导委员会成员，以及研究生同学展示你的写作。当你到达这个阶段时，你也进入了一个修订的阶段，开始考虑你的外部受众。这种转变如果在适当的时候出现，会给你的写作带来巨大的影响，因为你要努力使自己的文字变得清晰——把你的私人话语变成公共话语，弥补省略，找到合适的语气，使你的语言精确。但在这一点之前，你通常会独自一人面对自己的工作。

认真写作是一个孤独的过程。孤独是博士论文写作者经常抱怨的事情，尽管他们承认太多的陪伴也会让他们分心。当你的论文到了该邀请其他人聆听的阶段（首先是邀请特定人，然后是普遍的受众），你也重新与其他人建立联系，他们用不同的想法和风格帮助你拓展思维和写作。

首先，你要为自己而写，朝着你试图发现的真相前进。然后，你仍然为自己写作，但逐渐增加了作品的客观性——你倾听自己的文字，它们听起来是否刺耳；你思考你所说的内容，看到论点中的不足之处；你审视整个项目计划，意识到你所选的主

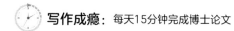

题可能太庞大——你会努力逐一修复这些问题。换句话说，你开始致力于让将来的读者像你期望的那样听到你的声音。

接下来，你开始明确地为了让别人听到你的声音而写作，这时你需要进行复杂的思维训练，想象别人的思想遇上你的写作会发生些什么：熟悉这些材料的人会对你写的内容有什么看法？你是否已经充分解释自己对这一主题的新看法以说服她？那些对你的领域的具体情况不太了解的读者会怎么想？这篇论文会有这样的读者吗？你的导师，对工作的某个方面有着强烈兴趣的人，对一个与她不同意的论点会有什么看法？你有没有努力去说服她？你是否已经说服了你自己？当你在外部和内部受众之间来回穿梭时，你最终是为两者而写作：写作既是为了让自己听到那些声音，也是为了让他人听到。

你和你的读者

不过，在邀请哪些人来阅读你的早期作品这个问题上，你必须十分谨慎。许多作者在这个阶段对外界的批评往往非常敏感。几年前，哥伦比亚大学新闻学研究生院的教授海伦·本尼迪克特（Helen Benedict）写过一篇精彩的短文，名为《作家的第一批读者》（"A Writer's First Reader"），其中她描述了这种脆弱性，并谈到了专业作家如何处理这个问题。她引用了辛西娅·奥兹克（Cynthia Ozick）对这个问题的总结："如果一定要说出写作是什么，我们将不得不把它定义为一种关于勇气的行为。"南希·梅尔斯（Nancy Mairs）在《声音课程》（Voice Lessons）中告诉我们，这种敏感性并不会消失："出版一本书的真正感受会让你觉得面红耳赤，其程度不亚于在华盛顿广场正中央当众脱光。"你需要认真考虑一下，在你的早期尝试中，你可以信任谁。如果足够幸运的话，你的导师或者论文指导委员会中一个或多个成员可能就是这样的人。一个好伙伴或亲密的朋友或许也可以充当这个角色。研究进度相当的研究生同学有时也很有用，只要你们事先制定好基本规则，以保护你们不受同学之间普遍

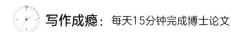
存在的竞争压力的影响。这里没有硬性规定，但你应该选择一个最有可能帮助你进入下一阶段的人作为早期读者。这意味着你可以信任他／她，相处起来也很舒服。

要非常现实地思考你想从读者那里得到什么。你的要求大概率会在博士论文写作的不同阶段发生变化。例如，一开始，你可能希望有人把目光投向你的论文章节，但什么也不说（除非他忍不住对你的绝妙想法由衷地赞叹）。那些没有很多直接反馈经验的作家，或者没有意识到直接反馈对他们的工作能力有多大影响的作家，有时会在接触读者时犯下一个严重的错误：他们过早地要求"提出你对这篇文章的所有看法，指出你在文中发现的所有错误"。幸运的是，许多读者都知道论文作者的心理十分脆弱，也清楚初稿是什么样子，他们不会按照作者的要求把他的稿子批得体无完肤。

当然，也有一些"地狱读者"，他们喜欢在早期就发表尖锐的批评意见。你必须适当地武装好自己以对付他们，记住你拥有这篇文章，你有权要求并

得到你认为对你最有帮助、最能鼓励你工作的那种
反馈。

辛西娅·奥兹克描述了一次严厉的拒绝对她写
小说能力的影响："我在绝望中失去了 6 个月的时
间，才得以重新开始创作。我感到一无是处、一事无
成，就像在黑暗中工作，而且已经年迈，那种毁灭
的程度简直像火山爆发一样巨大。"即使那位苛刻的
读者是你的导师，你也可以想办法让他知道你需要
其他方式的反馈。很多时候，如果你足够坚定，就
可以得到它。如果你不能得到你需要的反馈，请在
初稿阶段挑选其他读者，以你需要的方式审阅你的
作品。把他们当作解药，让他们站在身旁安慰你。
在最坏的情况下，如果你觉得面对导师的批评你根
本无法写作，请认真考虑找一个新的导师。但首先
要考虑"反击"的状态，从证明他错误的动力中获
得能量。

一个好的导师会随着你研究项目的进度变化来
回应你不断改变的需求：刚开始，他/她通常会给
予鼓励和提出建议，让你坚持写作。当你试图澄清

你的论点时，他／她会倾听你的意见，指出不一致的地方或漏洞，并向你提问题，帮助你了解你真正想表达的是什么，你的想法可能以什么顺序呈现。他／她会提供批评意见，帮助你向着有用的方向前进，但不应该挑出你初稿中的每一个缺陷。在后来的修改稿中，他／她将代表世界上严格的批评家："你将如何回应认为你的这个理论站不住脚的 X？这个论点不够充分。"最好你的论文指导委员会中有人真正对写作感兴趣，并能指点你修改你的论文风格，这样你的想法和你对内容的表达都能变得优雅。之后，你的导师和委员会成员的工作是帮你挑出尽可能多的缺陷，以便你最终呈现给世人的文稿能够代表你的水平，并让你感到自豪。

在写作过程中，你还应该要求自己保持灵活，不断成长。一开始，你要允许自己对你的博士论文温和一些，但以后要让自己能够容忍批评，保持思想开放，不要因为纯粹的固执、傲慢或者保守而固守你的文字。有些矛盾的是，你必须在写作的所有阶段都牢记你才是你的文字的第一个和最后一个主人，你有权做出最终的编辑决策。如果你能在写论文的过程中学会这样做，你不仅能写出一篇出色的博士论文，还能学会思考和写作。

博士论文互助小组

让其他人参与你的博士论文写作的好办法之一是组建一个互助小组。这样一个小组可以为你提供几样重要的东西：如果选择得当，你将获得与你同病相怜的写作者的良好陪伴，这是应对博士论文写作者孤独感的绝佳方式。拥有一个互助小组，可以让你不必一次又一次地与别人临时组队。合适的小组营造了支持性的氛围——他们是一群可靠的人，了解你和你的工作，可以和你共情，愿意批评并推动你的工作，并期望你能为他们做同样的事情。互助小组还能为你的博士论文写作生活提供额外的结构化内容：有了明确的、有规律的会面时间，你知道你必须准时出席，向人们报告你正在做什么，并详细说明自上次见面以来你取得了哪些进展（以

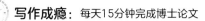

及没有取得哪些进展）——这些是最有用的截止日期！

我在研究生院参加的论文互助小组运行得很好，我仍然对它有温暖的回忆。我们小组有 6 个人，有男有女，都来自同一个系。我们中有些人是朋友，有些只是同学。这个小组最实用的特点之一，是小组成员处于论文写作的不同阶段。

我是在获得学位的前一年加入这个小组的，那时我已经完成了数据收集和早期写作。另一个小组成员也在差不多的阶段。还有两位小组成员处于起步阶段，尚未开始写作。而另两位成员已经深陷博士论文中，正加紧赶向当年的截止日期。我加入小组的第一年，校对了其中一位进展最快的成员的博士论文。在接下来的一年里，当时正在赶自己论文的一位成员为我的论文进行了校对。这个小型的写作社群给我带来了持续性的感觉，它在付出与收获方面的恰当平衡让人深感满足。

这个互助小组展示了你在建立小组时必须做出的一些重要选择。你的小组成员的构成是什么样的：

来自单一学院部门还是多个学院部门的学生？组员处于论文写作过程的同一阶段，还是不同阶段？全部是男性或全部是女性，还是男女混合？该小组是没有人领导的，还是由某位专家来领导？你们希望为互助小组成员提供什么样的帮助？

明确你想从互助小组得到什么。以下是一些有用的选项：在稳定的时间段获得愉快的伙伴；一支为你打气加油的啦啦队；你的第一批可信赖的读者；与你共患难的伙伴；与你有相似经历的榜样；愿意和你交流想法或谈论你在工作中遇到的困难的人；能够帮助你设定有意义的截止日期的人；期望你按照设定的截止日期完成任务的人；吓唬你说如果你错过了截止日期就会当众批评你，如果你努力尝试却陷入困境（或生病），会给予你同情和帮助的人。所有这些都满足"良好伙伴关系"的标准。在由经验丰富的领导者带领的小组中，或者在成员处在不同阶段的小组中，你还可能获得关于下一步如何进行以及需要思考哪些重要事项的良好建议。

以下是一些你可能对互助小组产生的不切实际

的期望：听你没完没了地抱怨你为何无法完成任何工作；猜测到你期望得到什么样的反馈；倾听你的个人问题；把你的工作看得比他们自己的工作更重要；为你写博士论文，为你修改，为你编辑（校对是可以的，如果你也愿意为他们做同样的事情）；让你坚信你声称是垃圾的作品其实很棒（不论它是否是垃圾）；处理你的神经症。

在成立博士论文互助小组时，你需要逐一考虑一些因素。例如，如果小组由你所在系的研究生组成，那么你们将共同使用专业术语，面对类似的挑战，这对于彼此的理解和协作可能非常有帮助。作为你的想法和文字的第一批专业受众，这样的小组成员可能非常适合。如果你在与导师的合作中遇到问题，小组成员会理解你的情况，并提供支持。然而，这种设置也存在一些潜在的劣势。如果你觉得需要公开抱怨你的导师，要在系里其他人面前这样做可能有些棘手，这在人际关系上比较微妙。

不过，更重要的是竞争问题。这样一个团体，在最坏的情况下，可能重现兄弟姐妹竞争中最令人不快的方面，特别是如果你们中的一些人共享一个导师的话。这种情况是否会发生，取决于个人的性格，也取决于你的导师，以及他是否公平、公正，是否挑拨离间（不论以何种方式）。这两种导师我都见过：我导师带出来的学生最后都成了朋友，这当然是对她的慷慨和合作精神的致敬。但我也听说过一些相反的例子，有些导师以少得可怜的恩惠为诱饵，故意让学生互相竞争，从而增加自己的权力感。

关于信任的问题。你可能对在小组中谈论你的新想法犹豫不决，因为你的想法最终可能出现在别人的作品中，不论这种风险是真实的还是想象的。博士论文写作者以多疑著称，但这并不意味着他们的想法永远不会被抄袭，或者更直白地说，被盗用。对此该怎么做呢？要小心谨慎，特别是在选择你的小组成员时。考虑在小组会议一开始就讨论所有权、信任和谨慎的问题。控制小组的人数。保护任何容易被他人有意或无意盗用的材料。如果你认为你有充分的理由对小组中某人的可信度感到担忧，确保你在每次会议结束时都收好所有的工作副本。并考虑是否应该成立一个不同专业背景的小组，这样担忧就不太可能成为问题。

一个跨科系的小组可能更多关注写作和博士论文撰写过程中出现的问题，而不是主题的细节，这是因为大多数成员可能不了解与自己不同研究领域的具体内容。这并不一定是弊端。让一个在你研究领域之外的聪明人阅读你的论文可能是一个极好的方法，可以帮助你确定你的写作是否有意义，以及你的论点是否表达得流畅，而已经熟悉你材料的人更有可能用他的知识来填补空白。

建立互助小组没有唯一正确的方法，每个选择都有优缺点。例如，在小组里有朋友可以使你感到更舒适，但也使人际关系更加复杂。如果每个人都处于同一阶段，比如，刚开始动笔，可以营造出"我们都在一条船上"的团结氛围，但也可能助长破坏性的竞争关系或共同的恐慌感。进度相同的小组还有一个无法回避的问题：所有人可能都不知道下一个阶段是什么样的。

　　至于单性别小组与混合小组，有些领域更有可能形成单性别讨论小组（如妇女研究领域）。我见过许多博士论文互助小组都设为单性别小组，我同时看到了它们的优势和劣势。有时在单性别小组中会更舒适，男性或女性可以更自由地使用性别语言，并从人们在异性面前（有意识或无意识）所做的那种姿态中解放出来。女性经常抱怨她们在团体中被男性压制，而男性有时认为女性花太多时间在感性问题上，或者女性太容易被批评意见伤害。诚然，这些抱怨可能是刻板印象或刻板行为，但你可能并不想一边担心着你的博士论文一边打性别战争。

　　请记住，你从研究生院毕业后进入的职场不太可能是单一性别的。而单性别小组也有问题：更多的竞争——在全男性小组和全女性小组中，竞争的方式不同，但总之是不愉快的——常常表现为思想和批评的多样性不足。当一个性别混合小组运作良好时，不同风格的读者和作者可以为小组贡献不同的力量和差异性，并淡化在单性别小组中更容易出现的紧张氛围，如果个体性格允许，性别混合小组

可能是最有趣和最具生产力的小组类型。

在创建互助小组之前，你必须考虑的最后一个问题是你要建立一个无领导的小组、一个成员之间轮流担任领导的小组，还是有一位正式领导的小组，这名领导很可能是一名教员，或者是一个专门为博士论文作者提供咨询的人。在《写作无师自通》一书中，彼得·艾尔博描绘了无领导写作小组的领域，描述了其过程以及建立这种小组的策略。他建议，小组成员为 7～12 人，并且每周至少开一次会，让每个人都阅读并回应其他人的写作。艾尔博建议，这个小组至少坚持几个月，每个人每周都写点东西带到组会上。（关于如何回应他人作品的部分，他论述得非常丰富，但篇幅较长，这里无法摘录。）

不过需要注意的是，这样的小组要求每个成员全身心地投入，否则可能让人感觉身处一个"盲人领导盲人"的国度。不过，当无领导的小组运作良好时，它是获得你所需要支持的最简单、最自如的方式。

尽管无领导的小组可能有一些优势，比如，更让人舒适，因为不需要在老师面前装腔作势，而且感觉很平等，但无领导的小组也可能存在一些风险：无人管理，没有人了解博士论文创作的全过程，也没有人可以在需要时提供帮助；如果整个小组偏离了方向，没有强有力的手段来干预。为了解决这些问题，小组成员可以轮流担任组长，以维持秩序和保持前进的动力，并由组员分担寻找资源和建议的工作，再带回小组。让处于不同写作阶段的组员都参与进来。

只与一个人组成博士论文互助小组也能取得很好的效果，尤其是如果你已经知道你可以与那个人很好地合作。如果你的写作地点与你上学的校园相距甚远，与另一个人一起工作可能是一个特别有用的选择（如果你居住在另一个大学社区，你也可以考虑加入更大的社群）。

在确定了你想要的小组类型后，该如何着手创建呢？从哪里找到小组成员？如果你想要一个领导者，如何找到他？如何设置小组的"参数"，以确保

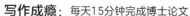

小组能够有效运作？首先，看看你所在的大学是否已经存在这样的小组。我知道存在以下情况，有一些博士论文指导老师为他们的学生建立小组并负责领导（对于那种受欢迎的论文指导老师来说，这是一个特别有用的模式，因为他有太多的学生，以至于他不能像他希望的那样频繁地与每个学生单独会面）。一些大学的院系为他们的学生开设了博士论文互助小组，而拥有写作中心或学术支持中心的大学有时会通过这些办公室资助协作小组（或者如果你提出建议，他们可能考虑这样做）。系内或全校的研究生组织是另一个可能的信息来源。你也可以询问你的导师，联系研究生办公室或你的系主任或院长，请他们帮助你与其他正在寻找同类组员的学生建立联系。

不过，你可能已经知道哪些人可以作为潜在的小组成员了。问问你的同学是否有兴趣，或者在院系的下午茶时间或活动中打听一下。如果这行不通，可以设计一个吸引人的广告，贴在人们会阅读公告的地方。如果你所在的院系足够幸运，有一个无所不知、无人不晓的行政人员，那就问问他是否知道其他人也正在寻找互助小组，或者让他把你的消息传播出去。你还可以尝试在内部电子邮件中发布信息，或者在大学报纸上刊登广告，如果你阅读那种出版物的话。如果你不在你获得学位的地方居住，你将不得不付出更多的努力为自己找到像样的写作伙伴。但不论哪种情况，你都不需要成百上千的人，只需要几个人就足够了。

一旦你找好了人，又该如何组织这个小组呢？首先，你可以考虑组建无领导的小组。看看它在风格上是否符合你喜欢的工作方式，讨论一些你可能需要处理的问题，并提醒自己，不论你选择什么样的小组，有一些策略都会有帮助的。然后，你们一起认真讨论一下小组的目标是什么——你们每个人都期望从小组中得到什么，以及对小组有什么期望？因为这些预期将有助于确定一些问题的答案。比如，你们多长时间会面一次、每次会面多长时间、你们如何设置议程以及议程是什么，等等。让你的目标具体且可实现。所有人，尤其是博士论文作者，都幻想着完美的、随叫随到的读者和编辑，但请记住，这些都是幻想。会议的频率和时间可以从每年几次（累计几个小时）到每周一次（持续一年）不等。我认为越多越好。

建起一个博士论文互助小组：检查清单

你是否已经准备好与同学讨论你的作品了？（不一定是感到舒适，只是感觉准备好了。）

你对这样一个小组的期望是什么？你的期望是现实的吗？你是否曾经因为这些期望而感到兴奋，但又放弃了呢？

你是在寻找一个由同一个系的学生组成的小组，还是一个由不同系的人组成的小组？你想多长时间会面一次？

你想要多大规模的小组？只有两个人的小组还是一个更大规模的小组？

你喜欢性别单一小组还是性别混合小组？

小组应该没有领导还是应该有领导？

你已经决定在哪里寻找这样一个小组，并列出要检查的可能性清单了吗？（例如，与你的导师、系主任、研究生办公室、学生支持服务部门或其他学生交谈，或者发送电子邮件或张贴广告。）

博士论文互助小组：期望、问题和协商

还有什么需要考虑的吗？你，既指个体，又指小组整体，应该计划在第一次或前两次会议上就小组的具体设定达成一致。这些设定包括小组的目标、会议频率、规模、成员构成、领导方式等。尽量把你能想到的都说清楚。例如，"我们已经同意，下一次开会每个人都要带一页关于我们项目的描述（以及给所有组员的复印件），并准备花10分钟谈论我们的工作计划和目标"，或者"我们将轮流带点零食"，或者"我们将非常认真地、努力地准时开始，并将所有闲聊限制在会议前后"。在第二次小组会议结束时，我们有理由期待规则已经制定好了，你们对彼此的工作有了一定的了解，每个人都把自己的样稿给其他组员看过了。

再往后，你可能遇到一些问题：有人经常迟到，

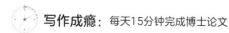

或者占据了团队的精力；有人无法按时完成样稿；对写作的反馈过于严厉或不加区分，或者根本没有帮助。这让我想到了"地狱组员"这一说法。任何当过组长的人都会遇到这种人，他们会以各种形式存在。

唯一不变的是他有能力单枪匹马地摧毁一个团队，这对非正式的论文小组、读书会以及治疗小组都是如此。以下是"地狱组员"可能有的一些表现："高需求宝宝"，他的议程占据了小组的大部分时间和精力；作为读者/批评者，表现得像一只不负责任的恶犬；非常脆弱，对他的工作无法进行严肃的批评，否则会觉得太残酷了；争强好胜，其他人都觉得应该把稿子藏起来；喋喋不休，浪费大家的时间。一个没有领导的小组更容易受到这些"地狱组员"的破坏性影响；一个拥有有效领导者的小组可以期望领导要求这样的人要么振作起来，要么离开。一些"地狱组员"有严重的人格障碍，另一些"地狱组员"则有他们都不自知的坏习惯——后者是可以通过一些建设性的批评来改造的。对于一个潜在的"地狱组员"，最好的办法是提前剔除他。如果你知道你的一个同学是"高需求宝宝"，而且困难程度远远超过你能应付的标准，那么不要屈服于你的慈善冲动把这个人纳入你的论文小组。相反，你可以鼓励他每周与他的论文指导老师见面。这样一来，你们都能完成更多的工作。

不论小组遇到什么问题，重要的是记住这是一个工作小组，而不是一个茶话会，不论出现什么问题，都要迅速、直接、冷静地将其作为需要协商和解决的问题来处理。事实证明，不这样做，最终将比忍受处理小组事务时短暂的尴尬更加痛苦。如果你发现自己真的被"卡住"了，那就找一个顾问吧——一个局外人，如博士论文导师或大学研究中心的人，他可以帮助你识别和解决问题。

———

一个运作良好的论文互助小组可以为你提供很多重要的帮助：啦啦队、读者、值得信赖的批评家和编辑、鼓励你设定目标并支持你实现目标的人，以及在大多数情况下陪伴我们大多数人走过孤独旅程的好伙伴。

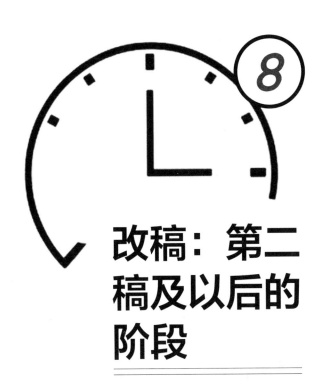

改稿：第二稿及以后的阶段

最有效的写作秘诀之一是你修改得越多，你的作品越清晰、越流畅、越自然。努力，而非灵感，才能带来简单、优雅的作品。在第四章中，我写到了如何把你从一团乱麻的状态带到初稿的过程。在本章，我将介绍怎样把初稿（或早期写作）变成一篇成品文章。在你学术生涯的这一阶段，你要么已经知晓，要么制订出具体的策略来修改你的文章。下面我将主要关注改稿过程中的心理层面。

关于修订过程的思考

直到写博士论文时，我才真正学会了如何修改自己的文章。在那之前，我已经是一个足够熟练的写作者，所以我可以做一点剪切和粘贴的操作，以及一些校对工作，然后交出一份足够完整的论文。有些人可能只是把高级的"校对"来当作"改稿"。

需要对博士论文进行重大修订，会让一些作者觉得他们好像在第一稿中犯了什么错误 —— 如果他们一开始就做得对，后面的阶段就不需要进行大规模的重新思考。事实上，如果你的博士论文面临着重大修改，你可能已经做对了一些事情。

当我还是年轻的作者时，我对修订论文没有什么兴趣。一想到要对我已经写在纸上的文字进行修改甚至抛弃，我就觉得既不愉快又危险。我从根本上不相信我可以通过努力使任何事情变得更好——部分原因是我没有意识到，像任何值得做的工作一样，写作需要毅力。那时我不知道对一篇文章感到厌倦或无聊是非常可能出现的情况，厌倦之后还可以回过头来继续写。然而，在这些无聊或疲惫的感觉背后隐藏着更令人不安的情感：实际上我并不相信我还能从脑海深处找到更多的词语，来替代我已经写下的那些词语，因此，改动或抛弃已经写下的任何词语都显得冒险。我想让它们保持原样，让我觉得我已经完成了，尽管实际上并非如此。我不想引发怀疑或担心，如果我仔细审查，可能发现我根本没有表达任何内容，没有什么值得说的。

因为我的初稿总是快速而又近乎完整，所以我

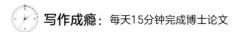

从未弄清楚自己可能有多出色的写作能力。修订我的写作意味着探索我的极限，也许决定要突破它们；但也可能我必须放弃我可以通过足够努力的工作就能像弗吉尼亚·伍尔夫（Virginia Woolf）一样写作的幻想。另一个恐惧是让自己的写作清晰明了，这个恐惧甚至更大。我回应这一挑战的方式是进行自说自话式写作。当读者说他们无法理解我在说什么时，我既感到痛苦又暗自松了口气。随着年龄的增长，我发现自己有一些想要表达和被倾听的话要讲。

在这一点上，我有必要使用通用的语言来表达并修改。

要让你的写作真正清晰，也会让你变得非常脆弱。如果有人能从你的写作中发现你的信仰、你的感觉或者是你的立场，那么你可能因为你写的东西而被喜欢或不喜欢，被同意或不同意，被赞美或被批评。如果你躲在晦涩难懂的文字中，你就安全了。唐·格雷夫斯（Don Graves）简明扼要地指出了这种两难处境："如果你要写作，你得愿意成为一个专业的裸体主义者。"如果你很难写清楚自己的想法，请考虑你是否真的想把它写清楚。

你通常的改稿方法是什么？你是把一篇文章修改得面目全非，还是沉迷于细节而忘记了自己的思路？还是你修改得不够充分，只因你不敢太仔细地看自己的文章，以免发现致命的缺陷？我们都希望一次就把一切做对。但在写作中，就像大多数值得培养的技能一样，你必须知道如何纠正不可避免的错误（就像织毛衣），然后才能取得成就。修订是一种进一步思考你的主题的方式，以最清晰的方式表达某事，并纠正错误，这一切都是为了产出一流的作品。

这里还有另一种修改文章的方式。把自己想象成一个读者，而不是作者，然后问自己："这对我来说讲得通吗？"但你是一个拥有"特权"的读者，如果你不喜欢你看到的或听到的东西，你可以改变它。有些作家实际上享受改稿胜过了创作原稿，因为那种需要产出材料的压力感消失了。在改稿时，你更像工匠而不是艺术家。如果你能坚持足够长的时间，你就会成功，而不必担心找不到灵感。

仔细观察一下自己的风格：你是否倾向于把初稿推翻打散，然后花大部分时间来收拾残局？或者当你阅读你的初稿时，是否发现你没有足够的材料，需要产生更多内容呢？也许最重要的是记住修改文章应保持开放的态度——对改变、新的想法，以及新的表达方式的开放。如果你能保持这种心态，那么你不仅能创作出丰富的作品，还会对自己的项目更感兴趣。一旦你下定决心对改变保持开放的态度，你就会开始琢磨如何做出你需要的改变。

即使从一开始你就拥有一个完整而周密的博士论文大纲，编排博士论文的结构也可能是一场"噩梦"。如果你允许你的素材"成长"和变化，它们很可能超出你精心设计的大纲。你会有意想不到的新想法，而你已经拥有的想法会变得更加详尽，或者它们可能被证明是不准确的。你会发现之前没有注意到的联系或矛盾。你会把放错地方的句子和段落移来移去，把一些章节合并，把另一些章节砍掉。你会注意到，你准备留到第四章的精彩论点，其实应该放在第二章，因为它必须出现在第三章的内容之前。

写博士论文最困难的一点是有太多东西需要同时追踪和思考。这种项目太大，无法一次性全部记在脑中，也太复杂，无法在第一次就完成得完美。在过去，写课程论文，甚至是一些长达四五十页的长文，你也许可以设想出论文的整体样貌；即便它很复杂，你可能只是在提出一个单一的论点。然而，博士论文的结构与一篇很长的课程论文的结构大不相同。现在你要把数个章节放在一起，每个章节的长度都和那些课程论文相当。在撰写短论文时出现的修订问题在你的博士论文中被放大了：从一个章节到另一个章节的过渡，比从一个段落到另一个段落的过渡要复杂；当一个观点在不同章节中重复出现时，重复性很难被察觉；而在许多页面上，尤其是一些页面相隔数月编写时，保持一致性——无论是在语调、词汇还是处理角度上——都更加困难。正因为如此，如果你不在修改上投入至少与撰写原稿同样多的精力，通常是无法写出一篇像样的博士论

文的。因此，即便你过去从未修订过文章，现在也必须学会。

有效的修改策略

虽然我已经承诺将主要精力放在改稿的心理层面，但了解一些策略对你是很有帮助的。这里有一份清单，可以帮助你更好地完成这项任务。

一次只专注于一章，直到你感到进展良好；只有在你进展到一定程度后，才应该着手处理整体的最终结构，因为在写作过程中整体结构会多次发生变化。

考虑把引言和结论的修改留到最后。

当你对自己的论点或章节的结构不确定时，尝试对你所写的内容做一个大纲。这样可以清楚地揭示文章中的问题所在，而且在制作大纲的过程中，这些问题往往会变得更加明显。

在更小的范围内使用大纲：尝试将章节中的每个段落缩减为一句话。当你做不到时，你会发现哪些段落写得不够完整或含混不清。通过为每个段落写下一句概括性的话，你能够根据这些创造出的句子来细致审视你论证的流畅性。

把对单个词汇的编辑留到最后，除非你关注的词对你的论点至关重要。

同样，把段落之间的过渡留到最后。因为段落会增减，而且会随着你的论证挪来挪去。过早地考虑如何让段落之间优雅过渡是没有意义的。

记住最令人难过的编辑规则：少即是多。删除任何不必要的词（尤其是形容词），你的论点会更加有力。

使用你的耳朵。大声朗读你的文章，以捕捉笨拙的措辞和冗余之处。它听起来怎么样？这种方法能帮你找出那些打结的句子。

让别人读一下你的作品，找出你无意识过度使用的短语或重复的论点。这些是你写作时很难注意到的东西。

使用你的眼睛。读者对论文的版式是在意的。一个段落铺满了整页纸会让人望而生畏，而一个由很短的段落组成的页面看起来是肤浅的。

使用你的呼吸。如果一个句子还没有大声读完你的气就不够用了，那么这个句子要么需要更多的标点符号，要么应该拆成多个句子。

注意你写作中的特殊习惯，如过度使用特定的词汇或标点符号（我自己就很喜欢破折号）。同时，尝试变换句子结构——我们中的许多人都容易过度使用特定形状或长度的句子，这会使阅读变得枯燥。

在修订时，手边应该放有同义词典、字典和风格指南。了解一下你所在的研究领域将哪一本格式手册作为标准，《芝加哥格式手册》（*The Chicago Manual of Style*）是非常出色且全面的。同义词典既实用又有趣——对于变换词汇选择来说是必不可少的。（你能用多少种方式来说"博士论文"或"写作"？）

记住，虽然在你深陷杂乱无章的文字时这很难做到，但你可以大胆删减文字，因为还有更多的文字等着你去发掘。

不要在用简单的词汇就能很好地表达你的观点时，使用复杂的语言或行话。与其使用华而不实的语言，不如追求简洁式的优雅。

当你认为自己已经完成了编辑工作时，再读一遍那一章。然后再读一遍。你会惊奇地发现，即使反复校对多次，仍然能够发现错误或不合适之处，这些是你在最终作品中不愿意看到的。

请记住，海明威将《永别了，武器》的最后一句话重写了 39 次。

矛盾的是，你还要意识到你的博士论文永远不可能完美，总有一刻你必须停止润饰，将它送往这个世界。

其实不存在什么神奇的方法。修改意味着重新思考和重写，一遍又一遍，直到你觉得你做对了。有些人可以独立做到这一点，用冷峻、坚定的目光审视自己的作品；另一些人则比较谨慎，需要邀请善良的读者参与进来，读者温和而坚定地提出意见。比如，"我不明白你这里想表达什么"，或者"我喜欢这部分，但我认为它与你在第二页讨论的内容相矛盾"。有些人在按类别修订时表现最佳。首先是整体组织，然后是思想的清晰性等。而我只能同时看所有方面，在我一次又一次的重读中，看哪些东西对我来说很突兀。不论你使用哪种方法，每次阅读时都要给自己写很多笔记，无论是在草稿的边缘还是在纸上，将你的评论与特定的段落或页面对应起来。这样你就不会忘记你不同次阅读时的感受：第一次阅读时你可能觉得不理解某个句子，第二次阅读时可能觉得某个过渡句有问题，第三次阅读时可能觉得论文实际上是可以的。

将从创作到修订的过程明确化，通过设定一些"仪式"来标记这一转变，这也是非常有用的。例如，你可能在与初稿不同的地方进行修订。你可能不仅改变地点，还改变模式：用钢笔和墨水创作，用电脑修订；反之亦然。

你的第零稿可以是文思泉涌的自然流淌。修改则需要做出重要的理性取舍：确定立场，选择表达的风格，选用词汇和语调，决定论证的类型，以及决定包含或排除哪些内容。当你重读你的草稿时，你会在不同的层次上做出以下选择。

从论证的整体形态到逗号的放置。在各个章节的最初草稿中，你可能只是在自言自语——关于你对主题的感受，你对它的看法，你的疑问、关切和对它的不满，你对于驯服它所做的尝试。在论文修订阶段，你将更明确地为你的受众写作。

修改需要耐力。你不能只是因为疲倦，或不想再看到某个段落，或自认为写得已经足够好了（即使你知道并非如此）就放弃。你可以休息一下，或者把修改文章和其他类型的工作交替进行：查找参考资料或处理其他短期项目，这样你就不必一次性完成所有工作。但对大多数人来说（不考虑那些无法停止修订的强迫症患者），最大的诱惑是过早放弃。我们都有一厢情愿的想法，希望别人总能神奇地理解我们的意思，即使我们表达得并不清楚，或者希望我们再次拿起搁置已久的草稿时它能自动完善。如果你即使感到无精打采和厌烦也坚持修订，你可能发现自己在进行过程中越来越感兴趣。为每次修订设定一个目标会有所帮助（"我将在午餐前把这一

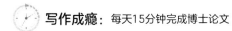

部分改好"，或"我要检查一下接下来 10 页的每一
个过渡句"，或"我打算通读一遍，看看如果我之前
不了解这些内容，现在我能否理解它"）。就像害怕
是可以接受的一样，疲劳或感到无聊也是可以接受
的，只要你继续保持工作。

改稿与讲述真相

讲真话是博士论文的核心。这种探索始于论文
开题（我经常把它描述为一种撒谎练习，假装知道
那些你尚不可能知道的事情），并贯穿整个论文写
作过程。（例如，你对你提出的假设和研究过程中遇
到的各种障碍有多坦诚？你对研究结果有多坚信，
又有多满意？你选择在论证中加入或不加入哪些内
容？哪些证据是你弱化了的，哪些是你选择强调
的？）一旦你开始对你的数据采取行动，不管是什
么类型的数据，你就是在处理真相问题，处理纯粹
的"故事"和巧妙创造的"情节"之间的权衡，以
构建一个连贯的叙述。即使是音乐作品形式的博士

论文，作曲者也会在纯粹的灵感与提高作品被演奏的可能性之间做出一定的妥协。

当你修改你的原始稿件时，你可能发现，当你塑造、打磨、剪辑、添加和加工你早期的文字时，你最终得到的东西开始更像是人为制作的，而不像是真相，因为你的写作变得不那么自然。当然，你后来的版本也并不像第一个版本那样自然。即使它在某些方面变得"不那么真实"，在其他方面却变得更加真实。关于文章修改的另一个可悲的事实是，当你准备让别人看你的作品时，你必须放弃其中的某些部分——也许是私人笑话，也许是对你不喜欢的批评家的粗俗评论，也许是对别人来说太过刺耳的语言。不得不承认，你无法说出你想说的一切，因为你想说的东西对于一个研究生或求职者来说可能政治不正确，或者可能降低你的论文对目标读者的可读性或阅读率。

此时，你需要决定你的论点中哪部分真正站得住脚，哪部分是你一厢情愿的产物。（比如，"如果这些数据真的能证明莎士比亚是个女人该有多好

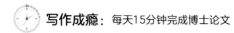

啊！"）这些决定将影响你的文本的真实性。你必须努力理解自己的作品，并放弃希望别人能读懂你心思的想法。

你将逐渐意识到，写作和修订是一个让你对自己和读者都更加明晰表达的过程。

修订是对你所寻求的真相越来越接近的一种探索，即使你每一次迭代都将文本的不准确性减半，你也永远无法达到你努力追求的完美文本，因为它只存在于幻想中。重要的是，你要朝着那个堪称完美的文本努力，朝着你能实现的最真实的叙述努力，向你的读者清晰流畅地表达。

最好的博士论文是已完成的博士论文

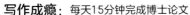

成长的代价

　　如果你小时候喜欢读书，可能还记得有些书读完后会很难过（《彼得·潘》和《秘密花园》对我来说就是这样的书）。作为一个成年人，很少有机会在一个完整的、有深刻纹理的虚构世界里生活一段时间。但通过写你的博士论文，你可以体验到类似的情景：在一段特殊的时间里，你可以生活在一个你选择和创造的世界中，一个你在脑海中创造的世界，但也是一个你最终必须离开的世界。

　　曾与几代学生合作的小威廉·G. 佩里（William G. Perry Jr.）写过一篇名为《成长的代价》（"Sharing in Costs of Growth"）的论文。它讨论的核心问题是我们该如何处理这样一个事实，即我们向前迈出的每一个重要步骤都是喜忧参半，包括完成博士学位。你可能期望在获得学位时只感到轻松和愉快，所以当你感到失落和悲伤时可能感到惊讶。也许你会哀悼你生活中一个重要阶段的结束，或许你会悼念那些无法见证你胜利的重要人物，或者你不得不

面对你写出的博士论文和你想象中的博士论文之间
的巨大差距。对于最后一种担忧，我们可以安慰你
一下：博士论文通常仅是你一生中众多作品中的第
一篇，而且博士论文获得普利策奖的概率相当低。
但未来几年，你可能根据论文中的初步灵感写出一
本书，而这本书或许还有机会取得一些成就……

　　佩里关于成长代价的看法是正确的，他的这一
看法同样适用于你在论文进展中可能有的感受。你
可能惊讶地发现，你并没有因为自己的进步而感到
毫无疑虑的高兴。我很少询问我的客户即将完成一
篇论文对他们来说意味着什么，因为我知道这个
问题的答案往往是多么深刻且充满感情。即使这
种意义几乎完全是积极的（没有"我的男友会因
为我比他聪明而讨厌我""我的父母一直希望我成
为一个农民""哪种女人会有博士学位"这样的想
法），继续往前走依然是困难的。每一个重大的生
活变化都会破坏我们生活的平衡和自我形象，并留
下一部分旧的自我。我们大多数人在某种程度上都
是保守的，即使新的自我更好，离开旧的自我也会

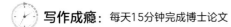

让我们感到悲伤。这种矛盾感可能对你来说很熟悉。你可能已经注意到，你对自己的写作并没有完全一致的感觉，可能某天你会认为某个作品是"垃圾"，第二天又觉得它"非常棒"。尤其是那些重要事情里的矛盾的感觉是我们生活中大多数事情的一部分。

我认识一些人，他们是家族中第一位获得博士学位的人（就像我一样）。他们中的一些人也是家里的第一个大学生。这种特定情境是完成博士学位过程中可能出现的忠诚挑战的一个强有力例证。像我们这样曾处于这种位置的人，就像我们的家庭一样，经历了一系列强烈的情感：自豪、不安、归属感或分离感、误解、嫉妒。我们想知道获得博士学位是否会失去父母的爱，或者是否会使我们彻底疏远，以至于再也无法回家；我们担心我们已经把自己在成长过程中熟悉的世界换成了一个陌生和不安全的世界，在那里没有人"认识我们"。这些成长的代价在我们一些人的心里被放大，可能使我们的进展放缓，甚至让我们比那些在提升学术地位时并没有改变世界的人而更加悲伤。

"撞墙"现象

如果你跑过马拉松，或者在大约 20 英里处观看过马拉松比赛，你会了解这种现象：在比赛的大部分时间里，许多跑者会经历"撞墙"现象，也就是说，他们突然之间感到自己再也无法前进，不但用尽了有些恢复的体力，而且耗光了所有后续的精力。这是一种矛盾的感觉，因为无论是在马拉松的20 英里处还是在写博士论文的对应阶段，其实你已经完成了大部分工作。论文写作者有时也会遇到另一种"撞墙"：你感觉自己和终点线之间有一个不可逾越的障碍，你的希望和抱负消失殆尽，精神状态濒临绝望和崩溃。我不止一次听到有人在他的论文写作只剩不到 5% 的时候说："我决定不再继续这个研究项目了。"此时，其实是你的心魔在作祟，就在你接近胜利终点的时刻，它们开始找各种理由怂恿你放弃唾手可得的学位。

继续前进

　　早在第五章我就提醒过你要保持一个可持续的工作节奏，但现在当你进入冲刺阶段时，你可以承担更多工作，超负荷努力，比以往任何时候都努力。在这最后的一到两个月，你会惊讶于自己居然可以完成如此大量的工作。塞缪尔·约翰逊（Samuel Johnson）说过："当一个人得知他将在两周后被绞死时，他的精神会无比集中。"你现在的节奏能够保持稳定，甚至开始加速，并有能力让自己越过最后的障碍，包括心理上的、思维上的，或安排上的障碍。你还需要强迫自己修改论文，使之达到你引以为傲的标准，即使你可能只想打印出目前的内容并就这样提交上去。

　　在这个阶段，你需要处理很多琐碎的工作：编辑、格式设置、完成参考书目和脚注。你还必须从授权方那里获得版权许可的最后部分，这项任务可能要花费大量的时间，所以最好不要留到最后一刻才去做。不要在这类事情上浪费自己的精力。你无须亲自追踪每一个脚注——你可以从愿意帮忙的伴侣、正在寻找兼职工作的大学生或者愿意与你互相帮忙的同学那里获得帮助。你也没有必要在最后关头学习一整套新的编辑软件，也许周围有人愿意出于关心或者报酬为你做这件事（如果你很早在别的小项目中就学习了类似软件，此时你可能轻松得多）。如果你一定要自己处理这些工作，为了使工作更容易，你要确保利用一切可用的省力设备，如技术支持客服热线（如果你的软件是合法获得的）、图书馆的电话咨询、互联网上的资源。即使你的论文写作之旅是快乐多于痛苦的，此时你可能也已经受够了。当你进行最后的修订时，一定要请他人校对。你对自己的文本太熟悉了，无法捕捉所有的文字错误。在你能忍受的程度下，尽可能多地打磨你的论文，这样万一你决定把你的论文变成一本书，以后要做的事情就少很多了。

对于处理最后一刻的工作，如前所述，或者使用软件进行分页、整合软件和文本，或者回答关于你必须用什么质量的纸打印、水印将受到研究生办公室秘书多大的审查，以及装订厂制作你的书需要多长时间等问题，最好的咨询对象是那些刚刚提交完博士论文的学生。请他喝杯咖啡或一杯饮料，但一定要让他在忘记之前，向你分享他脑海中关于这些重要细节的所有信息。

一个可能的糟糕情境

假设你离截止日期已经很近了，有一天你收到院长的来信，告诉你实际的截止日期比你预期的要提前一个月或两个月——事实上，它就在下周。现在怎么办？（我最喜欢的一句话是："日历上的日期可能比看起来更接近你。"）

在你从地板上爬起来后，有几件事可以做：最开始，你可以通过提前核实所有这样的截止日期来避免这种可怕情境的发生，最好是亲自询问一个人并仔细阅读所有的书面规定。我与之合作的大多数学生发现，自己陷入这种困境时的反应是把自己关起来并对打电话感到恐惧，但明智的做法是给人们打电话：打给你亲密朋友、你的导师和研究生院。你在教育上已经投入了这么多，如果你能向他们提出一个计划安排和一些迹象表明你在完成学业方面已经取得了真正的进展，即使是进度有点晚了，也很少有研究生院会在这个时候把你从项目里踢出去。在我认识的诸多研究生中，我从未听说有哪个学生被拒绝了延期毕业的请求——即使有时这种延期是学校不情愿同意的。我遇到的帮助这类学生去完成学业的高校管理者要远多于那些妨碍学生完成学业的人。

论文答辩

你需要了解论文答辩时的基本情形。去询问你的指导教师、研究生院办公室的人员，以及你们系里经历过答辩的学生。答辩过程只是一种形式化过程吗？有多少人真的在答辩中不及格？其他人在答辩委员会面前经历了怎样的艰难时刻？这类信息将帮助你做好准备。你甚至可以与你的委员会成员商

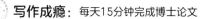

讨在答辩时你将负责的内容。我认识一些学生，他们事先与委员会成员就考试的内容和可能出现的问题范围达成一致，以帮助他们学习。

在你进入答辩之前，你越能使这个过程变得不神秘，你就会越顺利。试着在自己的答辩之前去参加别人的答辩，答辩者通常可以邀请几位听众。进行一次模拟答辩，列出你认为可能被问到的问题（让它们有一定的挑战性），并让你的朋友们扮演考官。

过去，一个博士生的命运是在论文答辩时决定的，当你进去答辩时，你并不知道你是否能够以博士的身份走出来。但现在，当你到了博士答辩这一步时，大家普遍会预期你能够顺利通过答辩，获得博士学位。如今大多数研究生项目在监督学生学业进度时都更加谨慎，他们会在早期就将那些他们认为不能完成学业的人筛选出来。事实上，如今对于大多数研究生来说，至少有三场不同的论文答辩：协商论文提案、导师对你提交论文的评价，以及正式的"论文答辩"。在这些关键点，等于你是在邀请其他人对你的工作进行严格的审视，让别人帮你确保按现有思路继续往下做是合理的，并向他们寻求最佳的行动建议。

你应对博士论文答辩的方式，不仅会影响你的答辩表现，还会决定你从中获得的收获。你需要培养一种"消费者"心态：记住你为了这一刻付出了多少成本，充分利用你组建的全明星团队（即你的答辩委员会），以向他们提问的方式来发挥他们的价值。请记住，这可能是你最后一次作为学生的时刻，你正站在即将成为学者"同事"的边缘；作为向答辩委员会证明你已经准备好进行这一转变的一部分，你应当像你研究领域的专家和专业人士那样行事。提前做好准备，思考他们可能提出哪些有难度的问题，并思考如何将你的成果向委员会中不那么熟识你的专业领域的教授进行解释（甚至有的时候，你要准备好向并未阅读你论文的委员会成员进行解释）。提前问好是否允许邀请一些支持你的朋友和亲属前来为你加油打气（或者在门外等待，以便在你走出答辩室时迎接你）。

　　如果你能完成博士论文的写作，并且如果你的导师一直都在阅读你不同章节的内容，也就是说论文中的内容对于你的导师来说并不意外，那么你答辩失败的可能性极小。你的答辩委员会很可能要求你进行修改——你应该预期他们会这样做。如果你的论文在不需要修改的情况下直接被接受，你应该觉得自己非常幸运。即使知道这些，你依然会感觉答辩过程就像一场重要的考试。因为它不仅意味着你人生中一个重要阶段的结束和下一个阶段的开启，也承载着非常巨大的实际意义。

　　还记得那个关于医学院班级中最后一名毕业生被称为什么的老笑话吗？答案是"博士"（doctor）。那些勉强通过博士论文答辩的人也一样会得到博士的头衔。最好的论文是被通过的论文，而且没有人会问你在论文被通过的时候你当时的表现如何。到了这最后的阶段，你已经积累了很多经验，可以决定接受导师的哪些建议、拒绝哪些建议。这份经历会为你带来一些令人震惊的效果：当你答辩时，你会清楚地意识到这份作品的归属权指向你，该作品的最终决策权在你手里。更重要的是，你很可能比其他任何人都了解你所研究的主题，包括你的导师和答辩委员会成员。这种领悟如同你内心举行的成长礼，与公开举办的毕业典礼相得益彰。

论文答辩之后

接下来，你的博士论文通过了，你发现人们已经叫你"博士"了。现在，当你从与你相伴数月甚至数年的重负中解脱出来，你该如何享受这份自由呢？欢庆吧。即使内心带着复杂的情感，即使你背上了沉重的债务（无论是金钱还是人情），即使你已经疲惫不堪，此时此刻，都是庆祝你专业生涯中一个重要阶段结束的时刻。为自己的成就，深深地感到自豪。没有人会把博士学位当作礼物或幸运大奖送给你。这是你用心血与汗水换来的荣誉。

毕业典礼呢？弗吉尼亚·伍尔夫对学术礼服和毕业队伍有着尖锐的评论，她可能有充分的理由这样说，但我依然认为它们都是华丽的。租借合适的礼服，并邀请你所爱的每一个人、真心关心你的每一个人，以及跟随你脚步的每一个人，来参加你的毕业典礼，见证你加入这个古老的、受过高等教育的团体的仪式。接着，享受一顿盛宴或开一个热闹的派对。（如果你比较迷信，那就让一个亲近的朋友来为你提前策划这一切。）在接下来的章节，我们会探讨完成论文后的生活，但在此之前，请充分享受你所赢来的休息，并允许自己为这一重要的成就感到自豪和欣喜。

10 博士论文完成后的事情

我清晰地记得，在我获得博士学位不久的某一天，我的孩子接起了电话，有人询问"博尔克博士"在不在。我的丈夫已经获得博士学位十年了。我的孩子毫不迟疑地问："您要找哪一位博尔克博士？"①完成论文后生活充满了变化——无论是你的社会地位、个人身份，还是你的生活和工作方式，甚至是论文都会经历变革，这一切都无法再回到过去。你将得到的博士学位不仅会影响别人对你的看法，也会改变自我的认知。在你的研究生学习和撰写论文过程中，你会逐渐从一个需要他人指导和评判的学生，转变为领域内的专家，成为你研究主题的权威，成为可以被邀请做出评判的人。你可能被邀请为专业期刊审稿，被要求提供源自你论文的文章的复印件，甚至可能有正面临困境的研究生来向你咨询问题。你完成了与一本书相当的学术成果，你成了一个写过相当于一本书的人，如雷·休伊所说，一个有潜力"从一个阅读者变成一个被阅读者"的人。

---

① 在美国大部分家庭，夫妻双方的姓氏相同，因此作者和她先生都是"博尔克博士"。——编者注

你的导师或你的委员会成员对待你的方式可能
也会改变，更像对待一个同事或同行，而不再像对
待一个学生。你现在对自己有了更深入的了解：大
多数时候，你都能够集中精力追求一个有难度的目
标，面对各种障碍仍能坚持不懈，即便心力不足，
也能鼓起勇气继续前行，并努力实现你心中所想。

发表你的博士论文

在你完成博士论文后，你将面临一个选择：是
将它摆放在书架上慢慢积尘，是将各章节改写为期
刊文章，是将整体内容出版成一本书，还是把它藏
匿在后院。对于是否出版，不论哪种选择都有其合
理的原因和考量。

选择出版的理由包括：

- 你对自己的研究主题充满了兴趣，感觉有更多
可以挖掘的内容。你想要进一步修订和完善这个作品。

- 你已经产出了一份精彩的研究作品，并且你

希望将其分享给更多的人。

- 你期望更多的人了解你的观点，并与广大读者进行深入的交流。

- 你希望获得一个学术职位，出版你的论文将有助于实现这一目标。

- 你希望你的书能够"跨界"：将你的学术手稿转化为畅销书。

- 你已经逐渐将自己塑造成一个作家。

选择不出版的理由包括：

- 你真的不喜欢你的博士论文。你深信它的质量并不上乘，这种想法并非偶尔的念头。

- 你的博士论文是基于导师给你选的题目，但现在你已经选择了新的研究方向，放弃了之前的论文主题。

- 你已经在学术上快速成长，并对你的博士论文失去了兴趣。

- 你不打算继续学术生涯，或者你正在转换研究领域。

这些理由都有可能只是一个借口。你可能真正想要的，是鼓起勇气重新审视你的博士论文，确定你是否真的想要继续投入和深化对其的研究。如果你完成了一篇出色的论文（你自己可以感受到，其他人也会称赞你，你的答辩委员会会对其给予积极评价，或者在最好的情况下，有出版商会主动联系你），不要因为短暂的停顿而永久放弃它。你应该给自己一些时间，稍后重新审视它，然后决定是否继续展开这份工作。

将博士论文出版成书，还是发表成期刊论文？

当你计划出版你的博士论文时，你应该如何在出版成书和发表期刊论文之间做出选择？有哪些需要考虑的关键因素？

- 把你的论文变成一本书可能需要做大量的工作，你准备好了吗？

- 在你所在的领域，你的博士论文的重要性如何？

- 如果将文献回顾、研究方法等部分移除，剩下的内容是否足够组成一本完整的书？（对于科学研究，答案基本上是否定的。我还从未见过有哪个毕业论文直接变成了一本书。但与此相反，科学家们经常会根据他们的研究成果发表期刊论文，而这往往会在博士论文完成之前进行。）

- 你的博士论文是否具备像一本书那样的完整结构（即从头到尾有连贯性和明确的逻辑进展）？或者它能否轻松地被拆分，每一章都能成为独立的文章？

- 论文中的各个章节最初是否独立撰写，如作为个别文章或报告？

- 你的导师和其他委员会成员是否有关于发表的建议？

- 如果你现在还在犹豫，你是否考虑过向出版商提交一份关于出版成书的计划书？

将博士论文转化为期刊论文

你可能已经将你的博士论文中的某些章节递交

给了学术期刊，希望它们能被发表。但如果你还没有这样做，而你又确定不打算将其出版为一本书，那么考虑将论文的某些章节或部分，或者某些实验结果转化为可发表的文章，是一个明智的选择。这样不仅可以让更大范围的读者接触到你的研究成果，也有助于丰富你的学术简历。

关于选择时机，最好在你全身心投入新工作之前，或在你对论文的内容感到陌生之前，立即对博士论文内容进行转化。如果你的目标是成为学术界的一员，那么基于你的博士论文撰写并发表期刊文章是一个很好的策略，它可以帮助你提前完成博士论文之后最重要的任务之一：将你的研究成果发布出去。向你的委员会寻求建议，了解如何发表作品。

你该如何选择向哪家期刊提交手稿呢？回想那些曾吸引并启发你的期刊，思考你想要吸引的读者类型，以及你可能在哪里找到他们，并再次向你的导师或前辈请教。

你的导师和那些在你的研究领域很有经验的前辈可以告诉你投稿到哪些期刊比较好，也会告诉你如何找到这些期刊。花一些时间在大学图书馆找符合你主题的期刊（别忘了咨询图书馆员，他们会给你提供有价值的信息），也可以上网查，寻找各种可能性。我只把我的文章投给那些出版过我尊敬的和喜欢的作者的期刊。也就是说，我是根据我的作品被接受后与哪些作者为伍来做选择。

以下是选择期刊时需要考虑的一些问题。

——读者群体。你想接触的是谁？

——编辑政策。他们接受你文章的类型吗？

——知名度和辐射面。你大学的图书馆是否可以看到这本杂志？

——发布时间。有些期刊审稿需要几个月，有些则需要几年。你要考虑是否需要在找工作前或终身教职申请前发表你的论文？

——如果你的论文包括数字、照片或彩色插图，该期刊是否以高质量呈现此类材料而闻名？

——出版费用。许多学术期刊，特别是科学领域的期刊，会向作者收取出版费用，如果你有经费支持还是可以投的，或者你或你的导师能与编辑协商，有时也可以免除费用。

——在与作者沟通方面，该期刊的声誉如何？

——对提交的论文有什么篇幅要求？

——该期刊的专业声誉如何？或者说，它的威望如何？其用稿率是多少？（小心那些新的、时髦的期刊，它们可能有很好的用稿率，但可能不会被索引服务机构引用，阅读受众也不是你期待的同领域人士。）

——谁是该期刊的编委会成员，谁为其审稿？

每次只向一家刊物投稿，除非该刊物的指导原则明确规定可以接受一稿多投。要有预期，一篇投稿可能要等上几个月才能得到答复。可以提前考虑一下，如果稿件被拒，再投哪家刊物，因为不论你的作品有多好，都有可能被拒。许多学术领域顶级期刊的用稿率非常低。

你应该向顶级期刊投稿吗？需要具体问题具体分析。有些学术部门只会认真对待某些期刊上发表的文章。但如果对你来说，能够发表比给简历加分更重要，那就四处看看你喜欢的、觉得有趣的期刊，

并尝试把你的论文寄到那里。如果你的稿件被你所在领域的次级期刊拒绝，不要绝望，仍然可以考虑把它寄给顶级期刊。（我发表的每篇论文最终都出现在比之前拒绝它的期刊排名更高的期刊上。）事实上，你也可以考虑一开始就把它寄给排名第一的期刊。图书出版社和期刊的编辑往往都是特立独行的。他们的工作受到许多限制：投稿太多，没有足够的时间进行筛选；他们特殊的品位；他们对你的文章与同一期其他文章的匹配情况；对于图书编辑来说，也会考虑你与他们出版清单上其他图书的匹配度。此外，在这个出版业大行其道的时代，越来越多的期刊和图书专注于投稿作品的市场性。

将你的博士论文出版成书

如果你决定尝试出版你的整篇论文，该如何去做？如何找到一家合适的出版社？通常每家出版社都会专注于几个主题，你可以从各出版社的出版目录中找找线索，也可以去图书馆的书架上随意浏览，以及再次询问你的导师，他会告诉你哪些是你所在领域适合的出版社。你还可以在《文学市场》[①]中按主题查找出版商，这是一本关于出版公司的"圣经"。你还需要决定，是把你的作品提交给高校出版社还是拥有学术业务的商业出版社。这个决定将影响你这本书的侧重方面，如语气和学术评论性注释。

考虑一下论文和书之间的一些区别，以及这些区别会如何影响你接下来要做的工作。你的博士论文和你的书可能在目的、表达方式、格式和你对读者的态度上都有所不同。更要注意的，还有你这本书的风格和可读性，以及你希望一个对你专业不太了解的读者能从这本书中得到什么。

写博士论文的目的是向你的导师和你的论文委员会证明你有能力达到博士生的学术水平。大多数学位论文是以正式的表达和风格来写的，并遵循精心预设的格式，其中有大量的学术性辅助材料。当

[①]《文学市场》（*Literary Marketplace*）是一本年度参考工具书，提供了关于美国出版行业的详细信息。——编者注

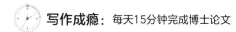

你写一篇论文时，你的读者是相当少的，而且其中一部分读者还是带有义务阅读你的文章。你在论文中选择说什么，特别是不说什么，往往与你对特定读者的了解有关，也与他们有权授予或拒绝你的学位这一事实有关。

当你把你的博士论文变成一本面向更多读者的书时，你可以修改诸如"我真正想用它做什么，我想让谁看到它？"等问题的答案。你将在多大程度上让自己发声，你希望书的风格是什么？是学术性的？非正式的？还是介于两者之间的？也许最重要的是，你的论文中有哪些内容值得交流，以及跟谁交流？你将如何有效地做到这一点？你不再问："我的委员会是否会接受这篇文章并授予我博士学位？"你现在要问的是："我的书是否有市场？"

从阅读者的角度考虑一下，并自问："我有没有把这本书写得让读者有动力读下去，即使在他们没有必要这样做的情况下？"我有一位朋友曾决定出版她的论文，长达600多页，她想出版的理由是一位委员会成员觉得那文章"读起来不错"。考虑到这个问题，在将你的论文转化为书的过程中，你需要立即做的最重要的事情是去掉其中的学术属性，特别是你选择不在高校出版社出版。一位在著名学术出版社担任编辑的同事也提醒说："要大幅减少注释，并去掉文献综述。"

你的书不能再由一些相当密集的（即使写得很好的）理论来开篇了，这与你的论文有很大不同。如此的话，你想怎么处理你原来的第一章？你是否仍然希望它是首先映入读者眼帘的内容？你需要在一开始就说服你的读者，让他们觉得值得继续阅读。

寻找出版商并撰写出书提案

你如何选择与哪些出版商接触？你现在可能知道哪些出版商在你的领域最活跃，哪些出版商出版了你认为不错的书。你的导师或你的委员会成员中很可能有人已经出版了一本或多本书，这可以成为一个很好的建议来源，甚至可能为你介绍他们合作过的或有良好声誉的编辑。这种关系使你的稿件更有可能被阅读，尽管不一定会被选中出版，出版还

是要靠稿件的实力说话。偶尔会有出版商主动来找你，这种情况很少发生（如果真的发生，大概率来自高校出版社）。

再次强调，签署任何合同之前，务必征求意见——不仅从你的导师，还可能从图书代理或律师那里。诗人与作家协会（Poets and Writers, Inc.）出版了一本非常实用的参考书籍《走入印刷：写作生活指南》（*Into Print: Guides to the Writing Life*）。请务必阅读它。

一旦你在图书馆做了一些研究，并通过口耳相传对出版商进行了一些正式和非正式的询问，并列出了一份你想接触的出版商的暂定名单，就可以着手写一封询问信了。《作家手册》（*The Writer's Handbook*）是一本非常有用的参考指南，它在关于高校出版社的章节中说："一定要先咨询，在得到编辑的邀请之前，不要发送任何手稿。"写一封简短的信，内容包括：表达兴趣，请编辑看看你的选题，描述你的书，并对你的资历做一个简单介绍。（比如，"在过去的五年里，我一直是苏佩尔布大学

的一名研究生，其中两年我在……研究，观察野生
犀牛交配。我的硕士论文赢得了'关于犀牛的最有
创意的作品'奖……我刚刚赢得了麦克阿瑟基金会
的资助，回到了……"）如果你还没有获得这些荣
誉，快速总结一下你受教育的情况也是可以的。询
问信不仅要写得好，而且要生动活泼、引人入胜，
这一点非常重要——你要钓的是一条大鱼。一次多
问几个出版商，因为你还没有决定让任何人在你的
提案上花时间或精力，但要征求你的导师或出版商
的意见。

假设你收到佳作书局（Paragon Press）的回信，
说他们有兴趣看你的作品。他们可能请你提交一份
提案或手稿。前者的可能性更大。你不需要有完成
稿才提交提案，特别是碰到一些出版商喜欢对要出
版的书保持发言权的时候。提案是一封比询问信更
详细的信，描述了这本书和各部分的内容。在这份
提案中努力注入你对这本书的热情，让这份提案更
有说服力，最好让出版商觉得如果不接受你的书将
追悔莫及。你会被要求对已经出版的作品或潜在竞

争对手的作品进行比较，你可能已经知道一些竞争者，但要仔细做功课，以免最后要么感到尴尬，要么花了一年时间去做准备，发现内容已经被别人出版了。

做功课的时候，可以搜数据库的索引和出版物，也要尽可能多去大型的、以学术为导向的书店，看看目前有哪些书可以提供给想要了解野生犀牛生殖习惯的读者（如果你所在的城市没有这样的商店，可以通过电话咨询或上网搜索）。在你给出版社的提案中总结你的调查结果，对于出版商来说，知道你做足了功课是很重要的。

在你的提案中应包括你的简历，最好还有你精炼的一篇或几篇文章，这样编辑就可以了解到你可能写出什么样的书。如果你有一篇论文被杂志接受，或者你在会议上发表的论文受到了好评，可以考虑把它们一起发过去。同时提供一个你可以完成稿件出版的估计日期（不要给自己设置太紧迫的截止日期，万一出版社接受了，你却得每天工作 40 个小时，那就不好了）。

你应该尝试雇用一个代理商来推销你的书吗？如果你希望你的书被学术出版社出版，则不需要。代理商从你的书中赚取一定比例的钱，大多数学术出版社可以为你的作品提供良好的声誉，但给的版税偏低。使用代理商的唯一理由是，在不寻常的情况下，一篇博士论文可能对大众读者有吸引力，因此会引起商业出版社的兴趣。如果你认为你可能出"爆款"，事实上有这样一本"跨界"的书，可能值得你去雇用代理商。代理商会抽取15%的佣金，然后帮你寻找出版商，谈判有利的合同条款，这一过程中经历很多的拒稿你也感受不到，代理商都帮你消化了。亚当·贝格利（Adam Begley）的《文学代理人：一份作家指南》（*Literary Agents : A Writer's Guide*）（Penguin, 1993）中，不仅提供了一份代理列表，还提供了如何与代理商合作的建议。如果你想找到一个好代理商，可以询问已经雇用代理商并体验良好的人。

最后一个问题。经常有人问我雇用外部编辑为他们修改论文手稿的问题。这是一个非常复杂的问题。一方面，我更喜欢读一本经过精心编辑的书（目前有许多书显然没有经过编辑，甚至没有经过校对）；另一方面，编辑你的书是一项主要由你来完成的工作，可以找文笔不错的同事和朋友提供有益的建议，但你要对这个过程负责。

拒稿

对于自己的作品被出版商拒绝这件事，我们大多数人会陷入这么两种迷思之一（有时两种都有）：要么认为那个出版社是自己唯一的选择，要么认为我们寄给的第一个出版社将立即给我们回复称书稿已被接受（还流行第三种迷思：一旦手稿被拒绝，就等于宣判死路一条，或者再也写不出一个字了）。但这些情况其实都很罕见。提交手稿的现实情况更为复杂。如果你把自己的作品打磨得很好，而且导师认为它足以出版，那么只要你坚持不懈，仔细选择寄往何处以及精心撰写询问信和提案，它最终就有可能被接受。但是，你最终收到的录用通知不会是立即回信，你可能需要等待几个月，然后收到邮件或电话回复（学术出版社的工作人员通常是没有报酬的专业读者，他们的工作生活也很繁忙）。如果你的稿件被接受，你经常会被要求做进一步的修改。最后要提醒你的是，即使你在收到退稿信后可能有一段时间感觉很糟糕，也一定要及时振作起来，并想想下一步将你的稿件寄往何处。在你这样做之前，你会选择听取一些拒稿编辑给你提供的有用建议。

我所知道的应对拒稿绝望的最好解药是一本名为《腐烂的拒绝：文学伴侣》（*Rotten Rejections, A Literary Companion*）（Pushcart Press，1990）的书，这是一本关于总结名著被拒的书。例如，《查泰莱夫人的情人》出版前被拒，编辑这样回复作者："为了你自己好，不要出版这本书。"还有乔治·奥威尔的《动物农场》收到过这样的拒稿理由："在美国不可能出售动物的故事。"当我收到拒稿时，我也会想起马德琳·朗格尔（Madeleine L'Engle）关于她的《时间的皱纹》（*A Wrinkle in Time*）系列从被拒到获奖的故事，从而感到安慰。在《时

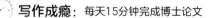

间的皱纹》获得纽伯瑞儿童文学奖（Newbery Medal）的颁奖典礼上，朗格尔与一位曾拒绝出版该书稿的编辑（其他几家出版商也是如此）进行了一次谈话，编辑当时说："我现在知道我应该出版这些书。"

练习撰写作者简介

在你把你的毕业论文变成一本书的过程中，你将面临一个问题，那就是如何把自己想象成一本书的作者，如何想象把毕业论文变成一本书，那本你在逛书店时会拿起的书。下面小练习可能对你有帮助。在图书馆里会有一些精装书，其中一些书的封皮仍然完好，你可以翻开这些书的封皮内页，阅读一下作者简介。你会发现，此处文字差异很大：有些作者非常职业化，没写任何关于他们个人生活的内容；其他人则展示了很多，几乎是他们全部的生活，甚至包括他们宠物的名字。

试着写自己的作者简介，为你真想创作的一本

书或想象中的一本书写一个作者简介。首先写一个
呆板、职业化的简介，然后尝试写一个富有表现力
的、活泼的版本。可以写一些夸张，比如，声称这
本书不是你的第一本，而是你的第四本书，并编造
前三本的标题和主题。然后写下你只在梦中才有
的狂野爱好（跳伞、用狗毛编织、种植金星捕蝇
草）。编造自己有一只宠物蜥蜴，或你一直渴望的
马或雪貂，说你有六个孩子或一个都没有。尽情想
象你可能成为的作者，然后在你的简介写下你希望
成为的那种作家。做这个练习可能有助于你实现
梦想。

成为作家

撰写博士论文是一项特别困难的工作，因为它
具有强大的象征意义，对你的职业前途有特别重要
的作用，而且作为一个新手要去说服论文委员会里
一群严格的读者本身就非常困难。你同时为自己和
近在咫尺的读者写作，未来可能是为遥远的读者写

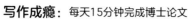

作。现在是时候考虑当你不再有义务写作时，你对写作的感觉如何了。你是否感觉到可能有另一本书在等着你，你现在知道怎么做了，也很想试一试为这本书开个头儿？你会继续保持每天写作的习惯吗？如果会，当你终于不再写论文时，你将如何找到时间来写？

对你们中的一些人而言，本来将为完成论文而高兴，心却飞到了别的地方：也许你们真正爱好的是科研，写出研究成果是一项必要的附加任务，现在知道自己确实有能力完成。也许完成博士论文后，你们为完成而感到高兴，但也庆幸再不用做类似的事情了。那说明你们的才能和兴趣可能真的在别的地方。（反过来也可以说，你该为自己自豪，因为你能够不因为兴趣而完成手上的任何任务！）

但对另一些人来说，写博士论文的经历将为其带来重要的转变：它将开启成为作家的可能性，让你在成为作家的道路上走得更远，或者把你直接就变成了作家。但要知道，即使你想继续写作，有时仍会有宁愿去擦洗浴缸也想坐下来写作的冲动。尽管如此，写作将成为你的"修行"。在我看来，如果写作已经成为你生活的一部分，成为你现在本能地去思考、感受和弄清楚各种问题的方式，那你就非常幸运。如果写作已经成为你的追求，你需要在你人生的下一阶段为它留出空间。不论写作是否变成了你的选择，写博士论文这个过程无疑永远改变了你。

附录 给导师的
一些建议

致写作者：这一章是写给你的导师的。一些指导过许多论文的朋友建议，书中包括这样一章可能是最有用的事情之一。请你的导师也阅读本书的其他部分，这样你们两个人可以把本书作为起点，不断讨论如何更好地合作。

导师的作用

作为一名博士论文的指导老师，承担的是仅次于父母的最难的（有时也是最吃力不讨好的）工作之一。它要求你了解你的学科、政治和人，要求你有耐心、能见机行事、可以延迟满足和谦逊。你会被要求在一个不属于你的项目中投入时间和精力，又不能太深入，你也不会从中得到任何业绩。做这项工作是一种爱的劳动，涉及埃里克·埃里克森（Erik Erikson）所说的"传承性"，即培养下一代的能力。而且它甚至不会帮你获得终身教职。（事实上，如果你为太多的人辅导论文，以至于都牺牲了你的学术研究投入，甚至你可能很难取得终身教职。我的一位论文导师就是典型的例子。)

这项工作最重要的是你的立场。你要做的可能比一位高空杂技演员的工作还有挑战性。对待你的指导学生，你需要既亲近又保持距离，涉及与学生打交道的各方面（就像杂技演员那样保持平衡不能从钢丝上掉下来）。足够亲近以便能了解其论文写作的细节，又有距离，是让学生明白这是他们的论文，不是你的论文。

辅导时可以经常自我提醒："记住是谁最终拥有这篇文章。"如果你能对论文的所有权保持清醒，许多事情就会更好办。例如，对于论文，你有很重要的读者责任，但没有作者责任。你可以帮助或干预学生的写作过程，但不能去帮他们完成。你对论文的回应应该始终处于一个尊重和感兴趣的读者角色。你的工作是建议、阅读和支持，也许还有叮嘱，但工作是否完成不是你的责任。那是你的学生的选择。

有时你需要选择谁做你的学生，但更多的时候，是学生主动来找到你，问你是否愿意为他们的博士论文提供建议。如果你不是很喜欢和看好向你提出请求的学生，就不要做他们的导师。几年前，我想找的一位导师提醒我，她为女学生提供指导的效果很差，因此我选择寻找其他导师并一直很感激她的提醒。如果你知道你不是某类学生的好导师——例如，你指导那些个性跟你很像的学生有困难，或不善于帮助工作没有强迫性的学生，或很难辅导那些不太独立或过于独立的学生，或者你对某些类型的论文题目方面帮不上什么忙，至少要提前坦诚地跟学生说明。最好你可以向学生建议哪一位导师更适合他们。

所以，当你有了一个与你相当合得来的学生，你也清楚这不是你的博士论文，而且你发誓不会在不知不觉中被拉去帮着写这篇论文，那么你现在的角色是什么？首先，最重要的一点是陪伴，可能你还记得写论文时是多么孤独，你应该成为学生在这个过程中一个稳定的、有同情心的、充满鼓励的和积极的陪伴者，在需要时可以响应他们合理的求助。其次，你也是一个教练，亲切而坚定，跟他们讨论合理的截止日期，推动和拉动学生一步步向它迈进。你会帮助他们确定论文主题，建议采取什么工作方法或规避哪些问题，与你的学生讨论什么是可接受的论文，也许还可以为他们提供可行的论文范例（许多刚开始写论文的人从来没有看过所在领域其他人的文章，所以作为导师，手头应该有一些例文——不是你读过的最出色的也可以——以帮助学生开始对自己的论文有些概念）。

你会在学生"卡壳"的地方提供建议，仔细聆听，给出可能对学生有帮助的解决办法。（"你上周告诉我，你认为第二章的那部分内容应该换位置，但你有没有想过它可能在此处发挥了衔接作用？"）你可以跟他们讨论写作过程中大大小小的细节。（"你现在做这么多修改是不是太早了？也许你应该等到你更清楚哪些部分你要保留，哪些部分你要放弃的时候再决定。""考虑一下你使用被动语态和逗号的方式。"）你不仅是最早的读者，在恰当的时候，也会成为最有帮助的批评家。这听起来像是一份不可能的工作，可确实如此，而且不论是哪个角色，你的初衷都是提供善意的帮助。

反馈和所有权

以下是对学生写作提供反馈的方法和一些原则。当然，不同的人有不同的学习、研究和写作风格，回忆你当初写自己的博士论文时是什么感觉，什么地方出错了，什么地方做得好，可能大有帮助。和那些与你工作方式接近的学生一起合作可能更简单，但你不一定能准确判断出哪些是跟你类似的学生，或者你也很难总是跟他们感同身受。自从你写完博士论文后，你的专业领域可能已经发生了变化，学术写作风格和师生关系也发生了变化。在《写作无师自通》一书中，彼得·艾尔博描述了一些反馈的方法，可能对你和你的学生非常有帮助。

尽管你既不是你学生的父母，也不是他们的心理治疗师，但在论文写作过程中，你很有可能在不知不觉中成为心理学家所说的"负移情"的对象。

也就是说，你会被学生视为"大灰狼"或"邪恶的女巫"，而且你会成为他有时强烈愤怒的目标。在这种情况下，我能提供的最好建议是，记住这是写作者的一个发展阶段。除非你真的别无选择（例如，有些极端的学生四处说你的坏话），否则不要和他纠缠。要努力做到不针对他，因为这可能完全与你无关，而是与你的角色和学生的个人经历有关。如果你能保持不慌不忙，你的学生很有可能就会冷静下来。

当然，有的时候，学生会有理由对你生气。比如，你忘记告诉他们某个重要的截止日期，或者没有提前告诉他们你会在论文关键阶段出国，或者你提供的反馈不仅没有帮助反而打击了士气。在这种情况下，你应该听他们说完，接受指责并道歉。当你总是不在办公室、不回信息，或者评价论文长篇大论时，学生就会胡思乱想，有些会让你大吃一惊。常见的反应包括"导师可能认为我很愚蠢"，或"导师讨厌我的文章"，或"导师都害怕接我的电话了"等。你可能难以理解的是，诸如此类的回应来自相当聪明的学生。其实他们做得很好。写博士论文时学生往往把导师犯的错揽在自己身上，就像这句略带自嘲的独白："自从我把最后一章寄给他后，两个月里他都没给我打电话，读这一章让他感到恶心，读不下去也不想告诉我我的博士论文有多么糟糕。"与正在写博士论文的学生打交道的基本原则是：假设他们有偏执狂。

你的学生能写出最好的博士论文的基础来自他们对自己作品的感觉。对作品的所有权是学习写作的核心力量。正在创作的文章于个人而言是非常宝贵的，但那种神圣感很容易失去或被夺走。如果一个博士论文作者被弄得感到了羞辱或愚蠢，即使这种轻视是无意的，也会让他们感觉不再拥有自己的作品。

为了让你的学生敢于体验、尝试和调整他们的写作，导师必须保持重视。尽管多年来我一直认为，对于我自己或我学生的写作，重要的一步是"与写作保持距离"，也就是放弃所有权，但我逐渐相信，这种距离是一个传说，它过度简化或掩盖了作家和写作之间的关系。从远处看自己的写作并不难，但要把它拉到近距离上，再次拥有它并能参与其中就很难了。

你如何鼓励你的学生去拥有他们的写作？最重要的是你真的相信学生有所有权，并以此为行动基础。如何用你的行动证明这种信念？仔细听他们说什么，相信你的学生对他们所说的内容很投入。当你碰到晦涩难懂的段落意图或内容，直接向他们提问，而不是试图去猜测。你给评价和判断的时候要尽量小心，不要在论文上乱写一气，对论文要给予尊重。而且——这是绝对必要的——不要在他的博士论文草稿上写任何你不愿意当面说的话。

鉴于这一切，我们如何处理反馈和顾问的角色？

——一个非常重要的建议。在对你的学生所写的任何文章进行详细的批评之前，真诚地说一些积极的、鼓励性的话语。如果没有这样做，我合作过的每一位博士论文写作者（也包括其他类型的作者）都认为他的导师讨厌他的论文或认为其毫无价值。

——在你和你的学生讨论清楚什么样的反馈最有用之前，最好不要在学生的论文上强加什么想

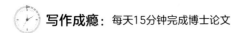

法，当然也不要用笔在上面做标记。主动问学生：
"你希望我读哪些部分？你认为什么样的评论对你
现在最有用？"

——给出反馈意见要非常小心，特别是在早期。
抑制住删掉或烧掉你学生文章的冲动，甚至连编辑
都不要，不管你认为那些内容多么糟糕。考虑一下
在这个阶段，他们的文章中有哪一两个主要问题对
改进是有用的：结构问题？论证中的关键点？在最
后一稿之前，不要用长篇大论的批评来打压学生。
记住，许多论文写作者对他们的工作会有些偏执，
要小心地在这个阶段提供指导。

——时机就是一切。如果在第一稿中就提出对
下一稿至关重要的强烈批评，可能是破坏性的；当
作品处于最后一稿时，才第一次提出重要的批评意
见，也可能是灾难性的。所以要在每个阶段问自己：
"我们现在走到哪里了？"一定要锻炼你对早期混乱
的容忍度，这个时期需要不表达太多意见的能力。
在你跟学生沟通前先思考。

——不要陷入与你的指导对象之间的拔河战，

你在"攻击"而他们在"防守"论文的局面。不要让他们逃避，不要给他们机会来否认他们对自己工作的负面情感。你的工作是成为学生的好伙伴，同时也是这个项目的支持者，站在作者的阵营里（当然，你比他们更理智些）。

——不要被学生影响而变成虐待狂。即使他们把第一稿交给你之后说："我希望你能告诉我你在其中看到的一切，包括所有的错误。"很少有学生真的想要那么多的反馈，尽管许多人以为或说他们需要。

——这是学生的第一部巨作，他们还在学习如何征求和使用反馈意见，以及学习如何评判自己的工作。不要觉得你必须为他们做所有的工作。你既要给他们反馈，也要留一定空间让他们自己努力。

——不同类型的反馈适合于不同的阶段。在第一稿中，要对学生完成的内容进行鼓励，并对其中一些想法给出合适的评论。在第二稿中，你可以采取询问论证的形式："你认为你在这里想说什么？你认为该如何支持这些论点？"当你与他们讨论以后的草稿时，你的重点将变得更详细、更多的点评

（不是消极批评，是点评）。但在每个阶段，不要一下用太多的建议带来压迫感。学生一次能听到和接受的东西都是有限的。要尊重他们，问他们需要什么，在写作中关注到什么。（学生往往知道他们论证的症结所在，或者明白有哪些他们无法说清楚的地方）。认真听取他们的回答。

——注意你的语气。如果你的习惯性语气偏向阴沉，那就让学生提前知道这一点，这样他们就不会误会是自己的论文没戏了。他们对细微的信号非常敏感，因为事实上他们的职业生死都"掌握"在你的手中。

——如果你有非常糟糕的消息要传达（例如，"我认为你这一章的论点站不住脚"）要温和地表达，并帮助学生找到调整的方向，解决其问题。不要只是抛出问题，任其自由落体。

——再次强调，在学生的草稿上做标记之前要三思，想想这样做可能产生的影响。有些写毕业论文的学生有一种奇怪的倾向，会觉得导师在草稿上留下的红墨水批注看着血淋淋的，是他们的论文在流血。所以尽量不要用红色批注。

——认真思考你有多少精力来辅导，不要给学生提出你自己都力所不能及的过多的问题。如果你带了很多学生，感受可不美妙，只有当他们全部顺利毕业的时候，你才会感受到美妙，而且这需要你对辅导的每个学生都一碗水端平。同时不要承担太多的辅导工作而忽视了自己的事业：如果你不能获得终身教职，你也不能帮助其他学生了！

——要非常明确地告诉他们你的期望、截止日期、可商量的余地有哪些，以及哪些是不能商量的要求。

——关于对学生的支持度。在与许多学生合作的过程中，最让我印象深刻的是，如果他的指导老师一般都有空的话，学生的进步会非常大。论文写作是一种非常孤独的，有时甚至是令人恐惧的经历。你是否有时间，将使这些感觉变得更好或更坏。在离导师很远的地方写论文是一种地狱般的经历。如果学生需要反复拨打你的电话才能接通（有些来找我咨询的学生说，他们的导师要花几周甚至更长时间来回电），或者如果你忘记按照研究生办公室的要求提交论文，或者如果你花几个月的时间来反馈一个章节，这些对于学生而言，都如在炼狱中一般。如果你不能保证及时提供帮助，那就在学生找你做论文导师的时候拒绝他们。

——告诉学生什么时间、通过什么方式可以找到你，具体到哪一天、哪个时间段以及会面的地点，同时告诉他们什么时间你不能提供辅导。你不是一天24小时值班，你不必在周末"闭关"时被打扰，你也不必挨个给学生打电话（尽管我知道有一位极好的论文指导老师会这样做）。但你需要及时回电话，以及在你不能指导的时候提前给学生合理的通知。（例如，在1月，你告诉学生："如果你在上个学期还没有完成论文，要知道我在下个学期会在土耳其休学术年假，我仍会读你发我的内容，但那边网络非常慢，电话线也很糟糕。"或者"6月授予学位的论文提交截止日期是4月1日。我将在3月中旬离开一个星期，所以安排你的工作日程时请考虑到这点。"）即使你不在，也应该定期接听你的电话或查看电子邮件，或者给你的学生留下其他更可靠的方式来联系你。

——要注意避免竞争。你可能是因为善于竞争才有了今天的专业地位的，但在你和你的学生一起工作时，要有意识地收起这种倾向，因为这不是一场公平的游戏——你在游戏开始之前就已经赢了，而且这么做很容易让你的学生没信心和缺乏安全感。把你的竞争力留给你的同事吧。在科学领域，研究人员合作是比较常见的；在合作中，人们可以学到更多的东西，产生更多的成果。你可以为你的学生们建立一个小组，帮他们化解他们之间以及和你之间的竞争，也可以让他们认识到他们可以帮助别人。尤其注意不要在公开场合拿学生作比较。

——你对你的学生的义务并没有随着论文答辩而结束。你的职责还包括指导他们如何发表部分或全部论文，提供有关专业发展和就业市场的建议，并在就业市场不景气时给予鼓励。你不需要承诺光明的未来，或者承诺一份工作，但你应该让学生们抱有希望，帮助他们探索可能性和备用方案，提醒他们找工作不是只有一次机会。

你应该利用你的职业关系，把他们介绍给你那些能帮忙推荐的同事，并及时写推荐信，这样他们就不会因为档案不完整而失去一个职位。如果你觉得自己无法写出强有力的推荐信时，也应该诚实地告知他们，这样他们可以尽快另寻推荐人。

－－－

总之，作为一名论文导师，就像父母、教练、治疗师或其他老师一样负有责任。一名导师必须在这段时间坚持成为一个可靠的存在，隐忍自己的脆弱，并忍受一定程度的被误解。我有一段令人尴尬的经历，那就是我在春季完成博士论文时与我的导师有一次交流，她告诉我论文第二稿或第三稿需要下更大的功夫才行，当时我站在剑桥大学的阿皮亚小径上向她大喊："永远都不能让你满意吗？"既要做培养者，又要坚持标准，这是一项非常复杂的任务。当然，好的父母也能做到。重要的是要记住你在决定学生命运的事情上拥有多大的权力，不要滥用你的权力，要深思熟虑如何用它为学生争取最大的利益。能够胜任论文导师是一种极大的满足，当你的"孩子们"毕业时，深深的自豪感会提醒你：你努力的付出是值得的，你也会很荣幸曾指导他们的成长和学习。

一些有用的书和文章

Begley, Adam. *Literary Agents: A Writer's Guide*. New York: Penguin Books, 1993.

Benedict, Helen. "A Writer's First Readers." *Neiv York Times Book Review*, February 6, 1983; reprinted in J. Bolker, *The Writer's Home Companion*, New York: Henry Holt, 1997; hereafter referred to as *TWHC*.

Bernard, Andre, ed. *Rotten Rejections, A Literary Companion*. Wainscott, NY: Pushcart Press, 1990.

Bolker, Joan, ed. *The Writer's Home Companion: An Anthology of the World's Best Writing Advice, from Keats to Kunitz*. New York: Henry Holt, 1997.

—. "A Room of One's Own Is Not Enough."

Tikkun (November / December 1994); reprinted in Bolker, *TWHC*.

Burack, Sylvia K., ed. *The Writer's Handbook*. Boston: The Writer, Inc., 1997.

The Chicago Manual of Style, 14th ed. Chicago: University of Chicago Press, 1993.

Elbow, Peter. *Writing with Power: Techniques for Mastering the Writing Process*. New York: Oxford University Press, 1981.

Godwin, Gail. "The Watcher at the Gates." *New York Times Book Review*, January 9, 1977; reprinted in Bolker, *TWHC*.

Goldberg, Natalie. "Writing As a Practice." In *Writing Down the Bones: Freeing the Writer Within*. Boston: Shambhala, 1986; reprinted in Bolker, *TWHC*.

Hanh, Thich Nhat. *The Miracle of Mindfulness! A Manual on Meditation*. Boston: Beacon Press, 1976.

Into Print: *Guides to the Writing Life*. New York:
Penguin Books, 1995.

Literary Marketplace. New Providence, NJ: R.
R. Bowker, 1997.

Millier, Brett. "Elusive Mastery: The Drafts
of Elizabeth Bishop's 'One Art.'" *New
England Review* (Winter 1990); reprinted in
Bolker, *TWHC*.

Skinner, B. F. "How to Discover What You
Have to Say: A Talk to Students." *Behavior
Analyst* 4, No. 1 (1981); reprinted in Bolker,
TWHC.

Tyler, Anne. "Still Just Writing." In *The Writer on
Her Work*, Vol. 1, edited by Janet Sternburg.
New York: W. W. Norton, 1980; reprinted in
Bolker, *TWHC*.

Woolf, Virginia. *A Room of One's Own*: London:
Hogarth Press, 1929.

鸣谢

　　许多人对本书的编写作出了贡献，提供了各种支持，包括直接的帮助，在主题和想法方面提供建议，分享他们在理论、编辑和教学方面的经验。我首先要感谢我的研究生们，他们在我任教期间写论文（并且大部分都完成了），并告诉我哪些对他们有帮助、哪些没有帮助。

　　我感谢艾琳·费尔利（Irene Farley）和卡尔·施泰尼茨（Carl Steinitz），他们不仅对这个项目感兴趣并给予支持，而且对附录中关于给导师的建议章节提出了建议。卡尔·施泰尼茨还允许我加入他的写作方式。罗伯·索科洛（Rob Socolow）也对这一章节提出了建议。感谢苏珊·格巴（Susan Gubar）和约翰·伯顿（John Burt）关于研究生奋斗过程的精彩谈话，感谢鲍勃·凯利（Bob Kiely）允许我讲述他的博士论文写作故事，感谢威廉·阿尔弗雷德（William Alfred）、彼得·艾尔博（Peter Elbow）、阿尔伯特·盖拉德（Albert Guerard）、森本清代（Kiyo Morimoto）、小威廉·G.佩里（William G. Perry Jr.）和露丝·惠特曼（Ruth Whitma）向我展示了许多一流的教学和写作方法，感谢简·普拉格（Jane Prager）聆听我关于这本书的想法。还要感谢罗宾·斯特劳斯（Robin Straus）、特蕾莎·伯恩斯（Theresa Burns）和艾米·罗森塔尔（Amy Rosenthal），是他们让这本书走上了正轨。玛吉·卡尔（Maggie Carr）对本书进行了细致的编辑。

罗宾·斯特劳斯和特蕾西·谢罗德（Tracy Sherrod）为本书的完成提供了宝贵的帮助，苏珊·罗兰（Susan Lorand）提供了良好的编辑协助，佩格·弗兰克（Peg Frank）、邦妮·格拉泽（Bonnie Glaser）、康妮·刘易斯（Connie Lewis）、艾伦·马克斯（Ellen Marks）、帕齐·沙拉夫（Patsy Sharaf）和安妮塔·希什曼尼亚（Anita Shishmanian）提供了持

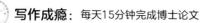

续的支持，帕特和玛格丽特·基尔康奈尔（Margaret Kilcoyne）为我提供了拉丁文咨询，安妮－玛丽·史密斯（Anne-Marie Smith），让我有幸看着她成长为一名作家，也激励了我自己的写作。

感谢我的女儿杰西卡·博尔克（Jessica Bolker），感谢她给予出色的编辑方面的帮助，感谢她作为动物学研究生的经验，这些都交织在本书中。感谢我的儿子本·博尔克（Ben Bolker），他负责编辑，提出了宝贵的问题，并在第一时间与我就技术问题和科学领域博士生的特殊关注点进行了交流。感谢彼得·比克斯比（Peter Bixby），他与我分享了他的论文写作过程，甚至在中间环节，允许我使用他对修改过程的描述，并对本书的早期章节进行了细致的编辑。

感谢我的论文导师维姬·施泰尼茨（Vicky Steinitz），他向我展示了如何能够做到最好。

最后，感谢伊森·博尔克（Ethan Bolker）。——要感谢的名单太长了，无法一一列举。